인텔렉추얼 비즈니스

인텔렉추얼 비즈니스

포스트 코로나 시대
사업과 투자의 절대 기준,
지식재산권

장준환 지음

INTELLECTUAL
PROPERTY
BUSINESS

한스컨텐츠

지식재산권,
최고의 비즈니스와 투자의 기회

3년 조금 안 되는 기간, 중앙일보 미주판에 [장준환 법률칼럼]을 연재해왔다. 그 대부분이 지식재산권에 관한 내용이었다. 칼럼을 준비하거나 피드백을 받는 과정에서 독자 여러분과 많은 대화를 나누었다. 그러면서 몇 가지 아쉬운 생각이 들었다.

첫째, 지식재산권에 대해 소극적으로 접근하는 경향이 강했다. 자신이 타인의 지식재산권을 침해하지 않는 방법, 침해했을 때의 대비책 등에 대해서는 관심은 컸지만, 자신의 지식재산권을 설정하고 보호받는 방법에 대해서는 별다른 관심을 두지 않았다. 이런 경향은 자신이 지식재산권의 생산자가 될 가능성이 작다는 판단에서 비롯된 것이다. 둘째, 지식재산권을 최고 수준의 기술이나 지성에 의해서만 창조되는, 범접할 수 없는 영역이라 생각하는 사람이 뜻밖에 많았다. 물론 고도의 기술이 개입되기도 하지만, 개인의 사소한 아이디어, 현재 상표, 간단한 창작물 등이 모두 지식재산권의 대상이라는 것을 인식하지 못했다. 셋째, 지식재산권을 비즈니스와 투자가 아닌 법률 영역으로 한정하여 받아들이는 분이 많았다. 지식재산권 소송이 침해와 보상을 다루는 경우가 많아서 이런 흐름이 더 굳어지는 것 같다.

'지식재산권 비즈니스'를 주된 영역으로 다루어온 변호사로서 이런 오해가 안타깝다. 소극적이고 방어적인 태도로 좋은 기회를 놓치게 되기 때문이다. 이제 편견을 벗어야 한다. 현대 사회에서는 지식재산권이 최고의 비즈니스 기회가 된다. 이 기회를 적극적으로 살려야 한다. 사업의 규모나 업종은 큰 상관이 없다. 지식재산권과 관련되지 않은 분야는 사실상 없다고 보면 된다.

먼저, 타인의 지식 산물이나 창작물을 베껴 쓰면 안 된다는 상식을 전제로 자신의 지식과 창작물을 보호하는 데 초점을 맞추어야 한다. 소규모 사업을 하더라도 상표, 디자인, 독특한 비즈니스 모델 등을 갖추게 된다. 이것을 유형의 가치로 만들어내는 데 더욱 고민해야 한다. 지식재산권을 보유할 만한 특출한 인물이 따로 존재하지 않으며, 내가 고민하여 창조하는 모든 것이 지식재산권으로 변모할 수 있음을 의식해야 할 것이다. 투자할 때도 지식재산권을 중요한 기준으로 삼기를 바란다.

2020년 10월 5일 기준으로 미국 주식 시장의 시가총액 상위 기업은 애플, 아마존, 마이크로소프트, 알리바바, 페이스북 순이다. 나는 이들의 공통점으로 지식재산권을 꼽고 싶다. 첨단 기술 특허 수가 많다는 뜻이 아니다. 이 시대에 가장 적합한 지식재산권과 그것을 대중과 연결하는 브랜드, 업무 관행을 잘 갖추었다. 과거 초우량기업들도 같은 특징을 가지고 있었다.

앞으로 어떤 기업들이 떠오를까? 시대를 관통하는 지식재산권을 기반으로 대중의 마음을 관통하는 기업들일 것이라 믿는다. 이런 기업을 찾아 투자하면 성과를 거둘 수 있을 것이다. 부동산도 마찬가지이다. 최근 미국에서 뜨는 지역들은 지식재산권이 모이는 곳이라는 공통점이 있다. 그곳에 고수익 지식인이 모여들고 상권을 형성하고 세련된 문화를 만들어낸다. 이런 지역은 앞으로 성장할 가능성이 매우 크다. 이렇듯 지식재산권을 투자의 중요한 척도로 삼아보길 바란다. 지식재산권은 바로 우리 옆에 열린 기회로 서 있다.

이 책이 지식재산권을 비즈니스와 투자의 기회로 삼고자 하는 관심과 결단을 일으키는 데 그리고 지식재산권을 기반으로 한 비즈니스를 이해하는 데 작은 도움이나마 된다면 저자로서 더없는 보람을 느낄 것이다.

2020년 10월 장준환

차례

01 지식재산, 미래 비즈니스의 핵심

02 팬데믹 시대와 지식재산

09 자영업과 지식재산권

10 지식재산권 실무

01
지식재산,
미래 비즈니스의 핵심

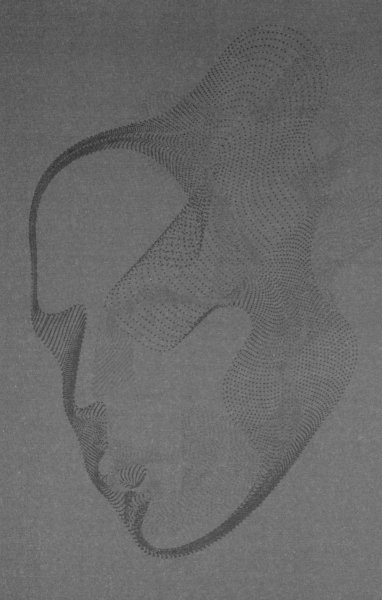

INTELLECTUAL PROPERTY BUSINESS

쫄지 말고
당당하게

비즈니스 변호사로 뉴욕에서 일하면서, 미국에 진출하려는 한국 기업, 그리고 미국 내 기업들을 대상으로 자문을 제공해왔다. 그중에는 지식재산권과 관련된 사안이 상당수 포함되었다. 케이스를 진행하면서 한국인 기업가들이 현지 기업가들과 다른 점 하나를 발견했다. 지식재산권 문제에 대해서 매우 수세적이라는 것이다. 혹시라도 다른 기업의 특허나 디자인을 침해하여 사업에 차질이 생기지 않을까를 염려하는 경향이 강했다.

한국 기업들은 고도 산업화 사회를 거쳐 1990년대 이후 IT 분야로 진출하면서 '모방'과 '속도'를 주된 전략으로 삼아왔다. 선도적으로 혁신적 제품을 창조해낼 기반이 갖추어지지 않았을 때 재빠르게 모방하여 비교적 값싸고 품질이 뛰어난 제품을 수출하는 방식으로 사업을 키워온 것이다. 이 과정에서 지식재산권 침해가 자주 이루어진 것도 부인할 수 없는 사실이다.

산업화 시기 한국은 개발도상국으로서 지식재산권의 일부 침해가 국제 사회에서 큰 문제가 되지 않았지만, 경제력이 성장하면서 더는 과거 관행이 용인될 수 없는 상황이 되었다. 1979년 3월 세계지식재산권기구World Intellectual Property Organization, WIPO에 가입하고 1980년 5월에는 지식재산권 보호 협약인 파리협약Paris Convention에 가입했다. 그리고 2004년 3월에는 WIPO 저작권조약WIPO Copyright Treaty에 대한 가입서를 내었다. 그 밖에 세계저작권협약, 제네바음반협약, WTO/TRIPs협정, 베른협약 등에 가입 중이다. 이 과정에서 많은 한국 기업이 특허 위반 등으로 국제 소송에 휘말렸다. 이 과정에서 사업이 좌절되거나 거액의 손해배상을 치르며 손실을 겪기도 했다. 이런 기억들이 남아서 지식재산권에 대한 두려움과 수세적 태도를 형성한 것으로 보인다.

이제는 이런 과거의 관행과 기억으로부터 완전히 벗어나야 한다. 4차 산업혁명 시대를 맞이하면서 '재빨리 모방하여 싼값에 파는' 추종자 전략은 한계를 맞이했다. 퍼스트 무버가 되지 않으면 글로벌 경쟁에서 생존하기 어려워졌다. 다행히 꽤 많은 기업이 혁신적 전략으로 새로운 제품과 서비스를 내놓고 있다. 이제 지식재산권의 구축과 보호를 체계적으로 고민해야 할 단계로 접어들었다.

이런 지적에 대해, 그것은 특수한 기술 기업이나 글로벌 대기업의 문제라고 이야기하는 사람도 종종 있다. 큰 오해다. 내가 '인텔렉추얼 비즈니스'라고 이름을 붙인 지식재산권 기반의 사업과 투자는 사업 업종이나 규모와 관련이 없다. 뒤에 사례를 통해 소개하겠지만, 작은 식당을 운영하더라도 세계적 단위의 지식재산권을 관리해야 생존과 성장을 기약할 수 있다.

쫄지 말고 당당하게! 지식재산권의 세계로 나아가야 한다. 쫄지 않는 방법은 간단하다. 스스로 떳떳하면 된다. 남의 것을 몰래 베끼지 않으면 된다. 불가피하게 베낄 때는 공정 이용의 범위 내에서 하거나, 공개된 것을 사용하거나, 정당한 대가를 치르는 것이 방법이다. 그 외는 별다른 대책이 없다. 정공법 외에 우회로를 찾는 것은 무의미하다.

그리고 내가 가진 지식재산권을 점검해야 한다. 나에게 독특하고 차별화된 제조 기술은 없는가? 그것이 사소하더라도 상관이 없다. 얼마든지 신제품으로 이어질 수 있다. 창의적인 서비스 방식은 무엇인가? 내 제품이나 매장 등에는 독특한 디자인 특성이 있는가? 상호와 로고 등 고유 상표를 가지고 있는가? 그리고 이것들을 객관적으로 표현할 수 있는가?

모든 지식재산을 체계 내에서 등록하고 보호받고 때로는 다른 사용 대가를 받는 데 초점을 맞추어야 한다. 한국은 충분히 그럴 만한 단계가 되었다. 지식재산권에 대한 이해를 바탕으로 그 기회를 살려야 한다.

약자의 역습을
준비하자

어느 날 뉴욕의 로펌 사무실로 한 통의 전화가 걸려왔다. 몹시 다급하고 격앙된 목소리였다. 유럽 유명 프로 축구 리그를 대리하는 로펌이라고 했다. 우리 로펌에는 스포츠나 유럽 국가와 관련된 케이스가 한 건도 없기에 처음에는 장난 전화가 아닐까 의심했다. 하지만 자세한 이야기를 들으면서 이내 내용을 파악할 수 있었다.

　우리 의뢰인 중 패션 제품을 제조·판매하는 한국 기업이 있다. 이 회사는 여러 국가로의 수출을 염두에 두었기에 국제 상표 출원을 해두었었다. 한편 유럽 프로 축구 리그 측은 중국에 진출하기로 계획하고 로고를 등록하려 했다. 이때 중국 특허청에서 기존에 등록된 로고와 비슷한 점이 많기에 법률적 협의를 거치지 않으면 등록해줄 수 없다고 통보했다. 유럽 축구 리그의 로고와 먼저 등록했던 우리 의뢰인의 로고가 시각적으로 비슷했던 것이다.

유럽 프로 축구 리그 측은 세계적으로 인지도가 높은 브랜드를 이용해 중국에서 패션 등의 비즈니스를 펼치려고 했는데, 시작도 하기 전에 뜻밖의 암초를 만난 셈이다. 상황을 파악한 유럽 축구 리그 측은 재빨리 우리 로펌에 연락해 협의를 요청했다. 그때 의뢰인을 대리해 협상을 진행했던 경험이 생생하게 기억난다.

지식재산권 관련 분쟁은 대기업, 국제기구, 스타 연예인과 스포츠맨 등 강자의 권리를 중소기업, 작은 조직, 개인 등이 침해하는 데서 벌어지는 경우가 잦다. 큰 조직일수록 지식재산권 관련 준비를 철저히 한다. 여러 국가, 여러 비즈니스에 광범위하게 등록해두는 절차를 거친다. 침해 사안이 발생했을 때 대응도 신속하고 강력하다. 하지만 반대의 경우, 즉 강자가 약자의 지식재산권을 침해하는 일도 드물지 않게 벌어진다. 강자들이 제아무리 꼼꼼하게 대비하더라도 어디선가 빈틈이 생기기 마련이다.

상표 등 지식재산권에 있어서 실질성이 있을 때 선자 선점First come, first serve 원칙이 적용되는 것은 약자에게 다행스러운 점이다. 하지만 누구나 이런 이점을 누리는 건 아니다. 의도적으로 강자의 빈자리를 노려 그들이 미처 등록하지 않은 상표를 선점하거나 유사한 브랜드를 등록해두는 등의 행위는 부작용만 초래할 가능성이 크다.

스쿼팅Squatting으로 불리는 이러한 시도는 법률적 보호와 인정을 받지 못하는 게 세계적 추세이다.

그보다는 나의 고유성과 전문성을 미리 살리는 데 집중해야 한다. 실제로 하는 사업에서 실제로 사용하는 독창적 상표, 디자인 등을 국내는 물론 세계를 대상으로 등록해두는 게 출발점이다. 그러면 내 것을 지키는 수세적 태도를 넘어설 수 있다. 염두에 두지 않은 곳에서 강자에게 역습을 가할 기회를 얻기도 한다.

기술 혁신으로 업종의 벽이 허물어지며 상상하지도 못했던 변화가 곳곳에서 생기고 있다. 여기저기 다양한 분야를 챙기느라 부산하고 허점이 많은 강자는 새로 생긴 빈자리를 놓치고 지나가기도 한다. 반면 약자들은 자기 고유 분야에 정통하고 행동이 민첩한 장점이 있다. 이를 활용해 자기 영역의 교두보를 쌓아야 한다. 물론 약자의 법률적 포지션이 불리할 수 있다. 그렇기에 더욱 완벽하게 입증하고 공식적인 인정을 받아야 한다. 그 강력한 도구가 선제적이고 법률적인 지식재산권 등록이다.

선자 선점 원칙과
스쿼팅

앞의 사례에서 한국의 소규모 패션 업체가 유럽의 유명 프로 축구 리그에 맞서 상표권을 행사할 수 있었던 이유는 지식재산권에 선자 선점 원칙이 적용되기 때문이다. 말하자면 지식재산권을 먼저 등록한 사람에게 권리의 우선권이 주어진다는 것이다.

세계 최초로 전화기를 발명한 사람은 누구일까? '알렉산더 그레이엄 벨Alexander Graham Bell'이라고 대답하는 사람이 많을 것이다. 하지만 2002년 미국 의회는 최초로 전화기를 발명한 사람이 '안토니오 무치Antonio Muchi'라고 공표했다. 안토니오 무치는 최초로 전화기를 개발했지만, 정식 특허 등록을 하지 못했다. 그리고 1876년 알렉산더 그레이엄 벨이 미국 특허청에 정식으로 특허를 등록한 후 전화기의 생산에 관한 권리를 잃었다. 알렉산더 그레이엄 벨이 전화기 특허를 받을 무렵만 해도 전화기 개발에 나선 경쟁자는 여럿이었지만, 승자는 벨이었다. 말하자면 알렉산더 그레이엄 벨은 전화기를 최초로 발명한 사람이 아니라 전화기 특허를 세계 최초로 받은 사람이다. 벨은 최초 발명가의 영예는 없지만, 지식재산권을 획득하여 전화기 사업을 일으킨 사람이 되었다.

상표권을 예로 들어 설명해보자. 우리나라의 삼성그룹은 '삼성출판사'라는 상호로 출판 사업을 할 수 없다. 삼성출판사가 이미 존재하기 때문이다. 삼성그룹은 1938년 삼성상회가 모태이며 1948년에는 삼성물산을 설립하여 본격적인 활동을 시작했다. 그런데 삼성그룹과 관련이 없는 삼성출판사는 1964년에 설립되었다. 현재의 삼성그룹이 '삼성'이라는 이름을 훨씬 먼저 사용했다. 아마도 삼성그룹은 초기에 '삼성'이라는 이름으로 출판업을 할 계획이 없었을 것이다. 그래서 출판 분야에는 상표권 등록을 하지 않았을 것이다. 그리고 삼성그룹을 의식했든 의식하지 않았든 삼성출판사 설립자가 출판업에 대한 상표를 등록했을 것이고 선자 선점 원칙에 따라 삼성출판사는, 삼성그룹이 아무리 크고 유명해지더라도 자기 상호로 영업할 법적 근거를 갖추게 되었다.

선자 선점 원칙은 약자가 강자를 이길 강력한 근거가 된다. 강자보다 더 빨리 지식재산권을 등록하면 되기 때문이다. 하지만 현실에서는 강자가 다양한 압력 수단을 행사하여 약자의 지식재산권 실현을 가로막기도 한다. 그럼에도 강자보다 먼저 지식재산권을 얻는 것은 약자에게 매우 유용하고 효과적이다.

선자 선점 원칙이 적용된다고 해서 실제적인 근거 없이 먼저 등록만 한다고 권리가 생기는 것은 아니다. 비교적 등록이 손쉬운 지식재산권인 상표권에서는 선자 선점 원칙의 허점을 노리는 일이 벌어지기도 한다.

한 가지 가상 상황을 떠올려보자. 시골 마을에 할머니가 운영하는 허름한 국밥집이 있다. 식당 환경은 열악하지만, 맛이 일품이어서 전국에서 사람이 모여든다. 창업 당시 3자매가 함께했기에 상호는 '삼자매국밥집'이다. 이 식당의 상호는 상표 등록이 되어 있지 않다. 누군가가 이 사실을 알고 '삼자매국밥집'을 상호로 삼아 상표 등록을 하려 한다면 어떨까? 먼저 특허청에서 받아들여지지 않을 가능성이 크다. 이미 존재하는 유명한 가게 이름을 도용했음이 조사 결과 드러날 것이기 때문이다. 만약 상표 등록이 성사되었다 하더라도 나중에 소송에 휘말리게 될 것이다. 상표권 등록은 하지 않았지만, 그 상호로 오랫동안 영업을 해왔음을 입증할 수 있는 실질적 권리자가 나설 것이기 때문이다.

다른 사람의 권리를 선제적 등록이라는 법률 절차를 통해 부당하게 빼앗으려는 시도를 스쿼팅이라 하는데, 현재 법률 환경에서는 거의 용인되지 않는다. 과거에는 선자 선점 원칙을 절대적 기준으로 삼았던 적이 있지만, 현재는 실질성을 중요시한다. 그것이 미국과 한국 등 세계적인 추세이다.

선자 선점 원칙이 있다고 해서 잔머리를 굴리며 가로채기를 하는 데 골몰하는 사람이 있다. 하지만 이런 종류의 반칙이 점점 더 받아들여지지 않는 세상이 되고 있음을 알아야 한다. 지식재산권은 남의 것을 무단 점유하는 형태가 아니다. 내 것을 가꾸고 지키는 데 사용하여야 보호받고 발전할 수 있다.

지식재산권이란
무엇인가?

우리가 무심코 구별하지 않고 사용하는 단어 중에 '지식재산권'과 '저작권'이 있다. 일상의 대화에서는 맥락에 따라 이해하고 넘어갈 수 있지만, 중요하거나 공식적인 상황이라면 오해를 불러일으킬 수 있기에 명확한 개념을 이해하는 게 좋겠다.

'지적 재산권'으로 부르기도 하는 '지식재산권Intellectual property rights'은 인간의 아이디어로 산출된 모든 영역을 포괄하는 넓은 의미이다. 이에 비해 '저작권Copyright'은 시, 소설, 음악, 미술, 영화, 연극, 컴퓨터프로그램 등 창작된 저작물에 부여되는 권리이다. 지식재산권의 한 형태가 저작권이라고 생각하면 이해하기 쉬울 것이다.

한국에서는 지식재산권을 특허, 실용신안, 디자인권, 상표권, 저작권 등으로 구분하여 관리한다. 특허는 새로우면서 보통의 기술자가 쉽게 생각해내기 어려운 발상을 담은 발명, 기술, 방법 등을 의미한다. 실용신안은 특허의 약한 형태라 보면 된다. 대개 특허보다 쉬운 발명을 대상으로 한다. 디자인은 제품의 외형을 중심으로 하고 상표는 회사, 브랜드, 제품, 서비스의 식별 기호와 외양 등이 대상이다.

그런데 한국의 지식재산권 분류는 미국과는 조금 차이가 있다. 미국에는 '실용신안'과 '디자인권'이 별도로 존재하지 않는다. 그 대신 '특허'의 범위가 더 넓다. 미국의 특허 제도는 실용 특허Utility Patent, 디자인 특허Design Patent, 식물 특허Plant Patent로 나뉜다. 한국에서 실용신안은 미국의 실용 특허에 해당한다. 한국에서 디자인권으로 등록할 것을 미국에서 특허Design Patent로 등록한다. 한국에서는 디자인이 특허와는 별개로 구분되지만, 미국에서는 디자인도 특허의 한 종류로 취급한다. 다만, 미국에서 디자인 특허 출원 절차는 일반 특허보다 훨씬 간단하다. 따라서 한국에서 특허나 실용신안, 디자인을 출원했다면, 미국에서는 이것들을 모두 특허로 출원할 수 있다. 참고로 미국의 식물 특허는 무성 생식Asexual reproduction으로 개량된 식물이 대상이다.

한국에서 사업을 하다가 미국에 진출했거나, 이민한 분들이 이러한 지식재산권 제도 차이 때문에 혼란을 겪는 일을 더러 보았다. 애플과 삼성이 특허 분쟁을 벌일 때, 아이폰 모서리의 '둥근 디자인'이 특허 침해의 쟁점이 되었다. 그때 한국 출신 기업가나 엔지니어들이 '제품 모서리 모양이 같은 게 어떻게 특허의 대상이 되느냐?'며 의아스럽게 생각했다. 이들은 난이도와 혁신성이 높은 것만을 특허의 대상으로 여기는 한국의 관행에 익숙했기 때문에 미국식 판단 기준이 낯설게 느껴졌을 것이다.

이 밖에도 미국에는 재발행 특허Reissue Patent나 재심사 특허Reexamination Patent가 있다. 이것들은 기존 특허의 결함이나, 청구의 범위를 수정하는 목적을 가지고 있다. 재발행 특허는 특허 청구 범위와 명세를 고칠 때 출원한다. 재심사 특허는 특이한 제도이다. 누구나 청구할 수 있는데, 기존 특허의 유효성을 다시 심사한다. 이것은 주로 상대방의 특허권을 무효화시키는 데 사용된다.

이런 이해는 매우 요긴하다. 기업이 자신의 지적 역량과 기술을 지식재산권으로 만들어 잘 활용하기 위해서는 지식재산권에 대한 법률적 이해가 필요하다. 그리고 각국의 제도상의 차이와 특징을 파악하는 것 역시 중요하다.

내가 가진
지식재산은?

우리는 지식재산권 시대를 살고 있다. 이 시대는 지식재산을 지닌 사람이나 기업이 더 많은 기회를 누리며 점점 부유해지도록 만들어주는 속성이 있다. 이 시대에 성공을 이루기 위해서는 인텔렉추얼 비즈니스의 흐름을 잘 타야 한다.

그런데 지식재산권을 '남의 일'이라고 여기고 부러워하기만 하는 사람들이 많다. 인텔렉추얼 비즈니스를 할 수 있는 소수의 사람이 타고나거나 미리 정해진 것이 아니다. 어떤 분야에서 어떤 일을 하든, 모두가 지식재산권의 소유자가 될 수 있으며 이것을 바탕으로 더 크게 성장할 수 있다. 이 점을 염두에 두어야 한다.

『나는 특허로 평생 월급 받는다』는 책을 쓴 허주일 씨는 3년 남짓

한 기간 동안 특허를 100개 가까이 출원했다고 한다. 등록된 특허 중 30건가량이 양도되었는데, 매월 받는 특허 기술료가 수십억 원 매출의 중소기업 이익보다 더 낫다는 평가를 받는다. 그런데 허주일 씨는 공학을 전공한 엔지니어도 아니고 디자인을 전공한 디자이너도 아니다. 독일어 전공이다. 이런 배경을 가진 사람도 일상을 세밀하게 관찰하여 아이디어를 얻고 이것을 구체적인 개발로 연결해 지식재산권 소유자가 될 수 있었다.

내가 하는 일, 생활의 사소한 부분에서 얼마든지 아이디어를 얻을 수 있다. 이것을 가볍게 여기지 말고 구체화하는 습관을 들여보자. 독일의 평범한 전업주부였던 아멜리에 아우구스트 멜리타 벤츠는 커피 여과기에서 우려낸 커피가 쓴맛이 강하고, 커피포트와 컵에 찌꺼기가 많이 생기는 것에서 불편을 느꼈다. 그러다 종이 위에 원두를 올리고 거기에 뜨거운 물을 부어 커피를 여과하는 방식을 생각해냈다. 결국 커피 필터로 특허를 받았고, 제품을 개발하여 사업에 뛰어들었다. 작은 아이디어에서 비롯된 지식재산권을 바탕으로 세운 회사는 현재 멜리타 그룹이라는 대기업으로 성장했다.

우리는 부동산이나 현금 같은 눈에 보이는 것만을 재산으로 여기는 데 익숙하다. 그래서 머릿속에 들어 있는 눈에 보이지 않는 재산의 가치를 소홀히 여긴다. 제대로 개발하지 않고 내버려둔다. 하지만 머릿속의 지식재산이 더 크고 소중할 때가 많다.

커넬 샌더스라는 65세 노인이 있었다. 그는 미국 켄터키주의 한 소도시에서 식당을 운영했는데 도로 상황이 나빠져 손님이 끊기고 가게 문을 닫아야 하는 처지가 되었다. 그의 수중에는 주 정부로부터 사회보장비로 받은 100달러짜리 수표 한 장이 전부였다. 절망스러운 상황이었다. 하지만 그가 가진 것이 하나 더 있었다. 독특한 닭 튀김 조리법이었다.

그 당시 미국에서는 팬으로 닭을 튀겼는데, 샌더스는 특이하게도 압력 튀김 방식을 썼다. 그러면 시간이 덜 걸리면서도 더 맛있는 닭 튀김을 만들 수 있었다. 그는 말끔한 흰색 정장을 차려입고 압력 튀김을 위한 조리 도구와 레시피를 들고 투자자를 찾아 나섰다. 거절당하기를 1,008번이나 거듭한 끝에 투자를 유치하여 식당을 운영할 수 있게 되었다. 샌더스의 식당은 빠른 조리법과 단순한 메뉴를 앞세워 패스트푸드 업계의 판도를 바꾸어놓았다. 미국과 캐나다 전역에 체인점을 늘렸다. 그리고 그 식당 체인은 매각되어 세계적인 패스트푸드점으로 성장했다. 지금도 우리는 커넬 샌더스의 모습을 어렵지 않게 볼 수 있다. 패스트푸드점 KFC의 마스코트가 되어 여전히 흰 양복을 입은 채 인자한 미소를 띠고 있다.

나는 커넬 샌더스가 인텔렉추얼 비즈니스의 선구자 중 한 사람이라 생각한다. 그가 식당 매장, 단골 등 눈에 보이는 가치에만 집중했다면, 그저 식당을 잘 운영하는 데 그쳤을 것이다. 하지만 그는 모든 것을 잃은 상황에서 자신의 진정한 재산을 발견했다. 독특한 조리법과 도구를 기반으로 더 큰 사업을 펼칠 수 있었다.

지식재산권이 나와 멀리 있다고 생각하지 말자. 특수한 영역이라고 지레 겁을 먹지 말자. 누구나 접근할 수 있다. 물론 처음에는 잘 안 될 가능성이 더 크다. 그 아이디어가 이미 존재하거나 실현 가능성이 없고 효용성이 낮을 수 있다. 하지만 착안하고 기록하며 검증하기를 반복하다 보면 유용한 지식재산을 찾을 수 있다.

직업이나 취미, 일상생활과 관련된 것부터 쉽게 접근해보자. 예를 들어 요즘에는 인터넷, 언론, 출판 등의 영역에서 사진을 폭넓게 사용하는데, 필요할 때마다 모두 촬영할 수 없다. 그래서 이미지를 제공하는 데이터베이스 회사들이 별도로 존재한다.

그런데 이들 데이터베이스 회사들도 모든 이미지를 자체 제작하거나 사진을 촬영하기에는 한계가 있다. 그래서 이미지를 만들거나 사진을 찍어 데이터베이스 회사에 공급하는 개인들의 활동에 의존한다. 말하자면 내가 사는 지역 곳곳의 풍경이나 창고에 처박혀 있는 골동품 등의 사진을 찍어서 제공하면 그것이 나중에 누군가에게 유용하게 사용될 수 있다.

내가 가진 사소한 아이디어나 노하우가 구체화되면 유용한 사회적 자산이 되고, 나에게 수익을 안겨줄 수 있다. 내가 가진 지식재산은 무엇인지 곰곰이 생각해보자. 특허나 실용신안으로 이어질 것이 있는가? 나만의 독특한 디자인이 있는가? 음악, 미술, 문학 등의 창작품이 있는가? 영상이나 사진으로 담아서 다른 사람에게 제공하면 가치가 있을 만한 것은 무엇인가? 이런 질문에서부터 인텔렉추얼 비즈니스가 시작된다.

내가 가진 지식재산이 무엇인지 찾아보자.

지식재산을 가진 기업에
투자하라

현대 사회에서 돈을 불리는 일반적인 방법은 '일'과 '투자'이다. 그런데 평범한 사람이 직장생활이나 사업을 통해 돈을 버는 데는 한계가 있다. 이미 정해진 틀을 벗어나기가 어렵다. 24시간 먹지도 쉬지도 않고 일하면서 돈을 벌 수도 없다. 그런데 투자는 이와는 다르다. 내 선택에 따라 결과가 달라진다. 돈은 쉬지 않고 일하며 스스로 불어나는 신비한 속성이 있다. 단, 선택을 잘했을 때만 그렇다. 그래서 투자자들은 좋은 투자처를 찾기 위해 갖은 애를 쓴다. 또한 결정적 투자 정보를 얻으려 백방으로 귀를 열어둔다.

어떻게 좋은 투자처를 찾을 수 있을까? 범위를 좁혀 가장 대표적인 투자 수단인 주식 종목을 잘 고르는 방법은 무엇일까? 나는 주식 투자를 할 때 종목을 선택하는 강력한 기준을 하나 가지고 있다. 그 기업의 지식재산권 가치를 살펴보는 것이다. 물론 '특허 수가 몇 개인가?' 같은 단순 지표로는 부족하다.

그 시대가 요구하는 지식재산을 갖춘 기업이 어디인지 먼저 살펴본다. 예를 들어 지금은 4차 산업혁명 시대이다. IT 인프라와 디지털, 데이터를 기반으로 고객 가치를 생산하는 역량이 매우 중요하다. 그러면 인공지능, 빅데이터, 사물인터넷, 로봇 등에서 탁월한 지식재산을 갖춘 기업이 유망할 것이다. 아마존과 애플, 마이크로소프트, 페이스북 등의 기업이 바로 연상될 것이다. 중국에는 알리바바나 텐센트 같은 기업이 있다. 아쉽게도 한국에는 이 분야에서 글로벌 경쟁력을 갖춘 기업이 눈에 띄지 않는다. 다만, 삼성전자 등의 기업이 풍부한 세계 IT 수요 혜택을 받을 것으로 보인다.

또한 전 세계적으로 고령화 추세인 만큼 의료와 제약 등에서 지식재산을 갖춘 기업이 크게 성장할 것이다. 코로나-19라는 팬데믹에 빠진 지금, 그 치료제와 백신 출시 가능성이 큰 기업의 주가가 요동치는 것을 보면, 바이오와 헬스케어 분야의 중요성을 절감할 수 있다. 그러나 유망 분야에 속해 있고 관련된 지식재산을 갖추었다 해도 모두가 유망한 것은 아니다. 그 지식재산이 남들이 쉽게 따라잡을 수 없을 만큼 독보적이어야 한다. 예를 들어 전 세계 수많은 기업이 인공지능이나 빅데이터를 활용한다고 하지만, 경쟁력을 갖춘 곳은 손에 꼽을 정도다. 제약 회사들도 특효 신약을 개발했다는 보도자료를 내곤 하지만 실제 상용화에 성공하는 곳은 몇 안 된다. 이런 정보 속에서 옥석을 가려내야 좋은 투자처를 발굴할 수 있다.

나는 2가지를 눈여겨본다. 첫째, 기존의 지식재산 축적 상태이다. 지식재산 인프라를 탄탄하게 구축한 기업은 경쟁자에게 쉽게 따라 잡히지 않는다. 둘째, 끊임없이 지식재산을 생산하고 발전시키는 시스템이다. 연구개발 인력이 부족하고 예산이 적은데도 혁신적 제품이나 서비스를 만들어냈다고 홍보하는 기업이 있다면 의심해보아야 한다. 행운이 작용하면 그럴 수도 있지만, 영속성이 부족하여 뒤에 이어지는 치열한 경쟁에서 낙오할 것이기 때문이다.

기업의 지식재산 역량은 눈에 보이지 않는 곳이 더 중요할 때가 많다. 같은 전자상거래 기업이라 하더라도 지식재산 면에서는 큰 차이를 보인다. 인터넷이나 모바일 페이지에 제품 정보를 수록하고 주문을 접수해 처리하고 고객에게 배송하는 절차에는 그리 큰 지식이 필요하지 않아 보인다. 하지만 사실은 그렇지 않다. 발전된 빅데이터나 인공지능은 그 제품을 살 가능성이 가장 큰 사람에게 노출과 추천을 하고, 실수 없이 신속하게 주문 정보를 처리해 고객에게 빠르고 안전하게 전달한다. 이 과정 전체가 최고의 지식에 의해 이루어진다.

그리고 배송 현장은 첨단 기술의 결정판이다. 물류 창고를 어느 지역에 어떤 규모로 운영할 것인가? 고객 주문에 따라 상품을 창고에서 찾아내어 포장하는 절차를 어떻게 설계하는가, 인력과 자동화 시스템을 어떻게 활용할 것인가, 어떤 운송망을 이용하여 고객에게 전달할 것인가 등에 따라 배송 속도와 품질에 현저한 차이가 난다. 여기에 인공지능, 빅데이터, 로봇, 드론, 사물인터넷 같은 고도의 지식과 기술력이 뒷받침되어야 한다.

좋은 기업을 골라서 투자하고 싶다면 지식재산을 중요한 기준으로 삼는 게 현명하다. 업무로 분주한 나는 주식 투자에 주의력과 시간을 분산하기 어렵다. 유망하다고 판단하는 종목을 골라 장기 보유하는 수준의 투자만 한다. 그런데 나의 평균적인 투자 수익률은 종일 투자에 골몰하는 사람들보다 더 높을 때가 많다. 이것은 지식재산권을 투자 기준으로 삼기 때문이라고 생각한다.

지식재산권을 기준으로 기업을 평가하는 것은 어렵다. 기업 M&A 과정에 변호사로서 참여해서 보면 늘 핵심 쟁점이 되는 사안이 피인수 회사의 지식재산 가치를 어떻게 평가할 것인가이다. 비교적 명료한 다른 부분에 비해 지식재산 평가를 두고는 이견이 많이 생긴다. 이 때문에 협상이 난항에 빠지기도 한다. 기업의 지식재산 가치 평가가 어려운 것은 그 재산의 성격이 추상적이기 때문이기도 하지만, 중요성이 매우 큰 것이 결정적인 이유다. 어떤 경우 지식재산권은 그 기업의 전부를 차지한다.

지식재산권을 기준으로 투자를 결정하고 기업을 보는 것은 '오늘부터 이렇게 하겠다'는 결심만으로 되지 않는다. 공부가 필요하다. 지식재산을 둘러싼 거짓 정보에 현혹되지 않을 만한 분별력도 필요하다. 그렇다고 해서 엄청나게 어려운 과정은 아니다. 조금씩 보는 눈을 기르면 얼마 지나지 않아 통찰력이 생긴 자신을 발견하게 될 것이다.

이 시대가 요구하는 지식재산을 풍부하게 보유하고 그것을 재생산하는 시스템을 갖춘 기업에 투자하라. 그러면 기대 이상의 수익률에 웃게 될 것이다.

지식재산이 풍부한 지역에
주목하라

앞에서 주식 투자를 할 때 지식재산권을 중요한 종목 선정 기준으로 삼을 것을 권했다. 그런데 이 기준은 부동산 투자에도 적용할 수 있다. 한국에서 부동산을 살 때는 주거나 활용 목적과 함께 앞으로 얼마나 오를지를 꼼꼼하게 따진다. 상업용 건물은 입지, 주택은 교육·교통·문화 여건 등을 중요하게 고려한다.

앞으로는 이런 기준들과 함께 그 지역의 지식재산 수준을 살펴보는 게 바람직하다고 본다. 미국의 상황을 보면 지역의 지식재산 수준이 부동산 가격과 비례하는 흐름이 나타나고 있다. 미국 뉴욕주는 앤드루 쿠오모 주지사 주도로 DRIDowntown Revitalization Initiative라는 도시 재생 사업을 진행하고 있다. 뉴욕주 안의 많은 소지역이 DRI

사업 기금을 유치하여 지역 개발을 하려고 노력 중이다. 그런데 DRI 사업을 결정할 때 핵심적인 요소가 지식재산을 기반으로 지역을 얼마나 발전시킬 수 있느냐이다. 개발과 발전의 핵심을 지식재산권으로 간주하는 것이다.

미국의 여러 지역이 지식재산권을 기반으로 발전하고 있으며, 그에 따라 부동산 가격도 상승하는 모습을 보인다. 지식재산이 지역을 발전시킨 대표적인 사례는 두말할 필요 없이 실리콘밸리이다. IT 기업들이 모여들면서 이 지역의 부동산 가격은 그야말로 폭발적으로 올랐다. 대학교수 등의 지식인이나 중산층 전문가들이 주거지를 구하지 못해 애를 먹는 일이 언론을 통해 여러 차례 보도된 적이 있을 정도다.

대표 도시 뉴욕도 마찬가지다. 전통적 핵심 지역인 맨해튼 중심부와 실리콘앨리 외에도 롱아일랜드시티, 브루클린, 뉴욕 업스테이트 지역의 오렌지카운티 등의 약진이 눈에 띈다. 실리콘앨리는 인터넷과 뉴미디어 콘텐츠의 중심이다. 뉴욕의 기존 사업과 인터넷·모바일을 연결하는 콘텐츠를 바탕으로 지식정보 산업의 중심으로 나아가고 있다.

롱아일랜드시티는 아마존이 제2 본사 설립 후보지로 삼았던 곳이다. 이 계획이 흘러나오자 지역 부동산 가격이 급등하기도 했다. 그런데 뉴욕주와 뉴욕시가 아마존에 30억 달러가량의 세제 인센티

브를 주기로 했다는 데 대해 정치권이 강하게 반발하면서 이 계획은 취소되었다. 아마존 유치가 좌절되긴 했지만, 롱아일랜드시티는 그 자체로 매력적인 곳이다. 맨해튼과 인접했으며 문화예술 수준이 매우 높다. 그래서 밀레니얼들이 가장 살고 싶어 하는 곳으로 꼽히기도 한다.

브루클린은 1990년대부터 맨해튼의 백오피스Back office로 불리며 성장해오다 2004년 도심 재개발Rezoning of downtown Brooklyn을 계기로 100억 달러의 민간 투자와 3억 달러의 공적 자금이 투입되며 기술 기반 스타트업의 중심지로 입지를 다지며 실리콘앨리와 더불어 성장하고 있다.

뉴욕 업스테이트 오렌지카운티 내의 몽고메리타운은 아마존의 물류 창고 후보지이다. 일부 주민들이 교통 혼잡 우려 등을 이유로 반대하고 있지만, 찬성 여론이 더 높은 편이다. 물류센터가 지역 발전을 이끌 수 있다는 판단 때문이다.

현대의 물류센터는 과거와 다르다. 초기 물류센터는 단순한 보관 창고인 스토리지Storage 형태였다. 그러다 통합적 관점에서 물류 흐름 전체를 관장하고 제어하는 웨어하우스Warehouse로 바뀌었다. 아마존의 등장과 발전 이후 물류센터는 풀필먼트Fulfillment 개념으로 발전했다. 물류의 중심을 보관과 배송이라는 기능이 아니라, 고객에게 효율적으로 도달하는 '수행' 차원으로 확장한 것이다. 예를 들어 더 빠르고 신선한 상태로 제품을 배송하기 위해 중앙의 대형 물류센터 중심이 아니라, 지역별 거점에서 매일(혹은 매시간) 필요 수량을 처리하는 방식으로 바뀌기도 한다. 업무 기능보다는 효율적 도달을 중심에 놓은 풀필먼트 시스템에서는 데이터가 핵심을 담당한다. 이제 물류센터는 풀필먼트센터이자 데이터센터라는 스마트한 시설로 바뀌게 될 것이다. 창고와 트럭으로 연상되던 물류센터가 지식재산을 갖춘 첨단 산업 거점으로 진화한다는 이야기이다.

보스턴과 인근의 케임브리지는 미국에서 새롭게 각광받는 지역이다. 하버드대학교, 매사추세츠공과대학교, 보스턴대학교 등이 있는 이 지역은 조용한 대학 도시로 알려졌지만, 현재는 제약을 중심으로 바이오 산업 시설이 모여들면서 지식재산 중심의 발전 양상을 보이고 있다. 신약 개발 등의 사업에는 막대한 재원이 투입되는데, 미국에서는 NIHNational Institutes of Health Common Fund의 투자가 큰 몫을 담당한다. 케임브리지 바이오 클러스터는 산·학 협력 체계 아래 NIH 자금의 상당 부분을 유치하며 첨단 지식의 허브로 성장하고 있다.

텍사스의 주도인 오스틴도 지식재산 기반의 첨단 산업을 유치하며 새로운 성장을 이루어내고 있다. 이 지역은 델, 모토로라, 3M, AMD, 브로드윙컴, 삼성 등의 첨단 기업이 입지를 두었는데, IT 관련 부품 제조에서 반도체 등의 연구개발로 중심을 이동하는 데 성공했다. 첨단 지식재산을 바탕으로 한 발전과 함께 미국 남서부 특유의 호방한 문화가 어우러져 젊은 세대의 관심도 이끌고 있다.

노스캐롤라이나의 주도 랠리와 뱅크 오브 아메리카의 본사가 있는 샬롯 등이 포함된 리서치 트라이앵글 지역Research Triangle Region도 흥미로운 지역이다. 리서치 트라이앵글 파크Research Triangle Park를 중심으로 듀크대학교Duke University, 노스캐롤라이나주립대학교North Carolina State University, 노스캐롤라이나대학교University of North Carolina at Chapel Hill가 삼각형 모양을 그리고 있는 이 지역은 바이오 연구개발 도시로 꾸준한 성장을 보여주고 있다.

앞에서 예를 든 미국의 성장하는 지역들은 모두 첨단 지식 도시로서, 지식재산을 근간으로 하는 기업, 연구 시설, 대학 등이 클러스터를 형성한다. 이 지역에는 고소득의 지식인이 정주하면서 소비를 촉진하고, 문화를 발전시킴으로써 도시 전체의 활력을 불러오고 부동산 가격을 상승시킨다. 간단히 말해 지식재산이 풍부한 도시가 살기 좋은 부자 도시가 되며 그런 곳에는 장기적으로 투자할 만한 가치가 있다는 것이다.

한국에는 좋은 지역과 유망한 부동산의 제1 요건이 교육 여건이다. 명문 대학이 있는 곳이 아니라 입시에 유리한 지역을 최고로 꼽는다. 그다음으로 교통, 생활 여건, 문화 등이 고려된다. 현재 지역의 지식재산은 중요한 항목이 아니다. 그러나 미국의 사례로 볼 때 이런 경향이 나타날 때가 얼마 남지 않았다고 판단한다. 지식재산이 첨단 산업을, 첨단 산업이 부자 주민을, 부자 주민이 최고의 교육과 정주 여건을 만드는 순환이 일어나기 때문이다.

지식재산이 밀집되었거나 앞으로 밀집될 지역을 중심으로 유망 부동산을 판단하라. 외국 부동산 투자를 고려할 때도 마찬가지다. 실리콘밸리와 미국 여러 도시가 그랬듯 지식재산이 발전하는 지역이 극적인 발전을 가져올 것이다.

지식재산을
상속하라

2018년 하반기, 한국 극장가에서는 예전에 보기 어렵던 진풍경이
연출되었다. 반백의 중년들이 상영관 객석을 가득 채운 것이다. 영
화 속에서 연주되는 노래를 관람객들이 모두 함께 따라 부르는 장
면도 그전까지는 좀처럼 상상하기 어려운 것이었다. 1980년대의 전
설적 록 밴드 '퀸'의 리드 보컬 프레디 머큐리의 삶과 음악을 다룬
영화 〈보헤미안 랩소디Bohemian Rhapsody〉 이야기이다.

프레디 머큐리는 열정적 뮤지션으로 불꽃같은 삶을 살다 45세
나이로 요절했다. 그는 「Bohemian Rhapsody」, 「We Are the
Champions」, 「Love of My Life」, 「Crazy Little Thing Called Love」,
「Somebody to Love」, 「Killer Queen」, 「Don't Stop Me Now」 등 여

러 곡을 직접 작곡했다.

그런데 궁금증이 하나 생긴다. 동성애자로서 법률적인 아내와 자녀가 없었던 프레디 머큐리가 만든 곡들의 저작권은 누구에게 상속되었을까? 여러 추측이 가능하다. 먼저 고락을 함께하며 음악 활동을 한 '퀸'의 멤버인 브라이언 메이, 로저 테일러, 존 디콘이 나누어 가졌을 것으로 생각할 수 있다. 프레디 머큐리의 영향력이 크긴 했지만, 팀의 일원으로 활동했기에 그의 저작권 역시 팀에게 남겨진다고 추측하는 게 자연스럽기도 하다.

또는, 살아 있는 혈족인 부모 형제에게 상속되는 게 마땅하다고 볼 수도 있다. 핏줄의 의미를 강조하는 한국인이라면 더욱 그렇게 생각할 것이다. 그것이 아니라면 동성 연인에게 배우자 지위를 인정해 상속할 수도 있지 않을까?

정답은 무엇일까? 프레디 머큐리가 동성애자(혹은 양성애자)로서 자신의 정체성을 자각하기 전에 사귀었던 전 연인이며 이후에도 친구 관계를 유지했던 오스틴 메리가 저작권을 상속받았다. 프레디 머큐리가 유언장을 통해 분명하게 지정했기 때문이다.

'노래'의 저작권은 몇 부분으로 나뉜다. 가장 비중이 큰 것은 '곡'이며 그다음이 '가사'이다. 물론 실제 연주한 사람의 권리인 '실연권'도 일부 인정이 된다. 프레디 머큐리는 밴드 소속이지만 개인 자격으로 여러 곡을 작곡했기에 그에 대한 저작권은 온전히 자기 소유이다. 작사한 곡도 마찬가지다. 퀸의 다른 멤버가 개인 자격으로 작곡하거나 작사한 곡이 있다면 그 저작권 역시 창작자 개인에게 속한다. 다만 실연권은 멤버 전체가 공유한다. 이 원칙에 따라 프레디 머큐리의 작곡·작사 저작권 상속 역시 개인 절차에 따라 진행되었다.

미국과 영국의 상속법은 재산을 남기는 이의 뜻을 크게 존중한다. 고인의 유지와는 상관없이 혈족이 일정한 법률상 관계를 보장받는 '유류분' 제도가 없다. 따라서 유언이 존재하는 상황에서 굳이 상속받을 가족의 순위를 정해 이를 분배하는 절차가 필요 없었다. 자연스럽게 프레디 머큐리의 저작권은 그가 지정한 상속권자 오스틴 메리에게 돌아간 것이다.

그런데 이 절차가 한국이라면 다를 수 있다. 고인이 유언을 통해 자기 의사를 확고하게 밝혔다 하더라도 혈연관계인 부모나 형제자매가 있다면 법적 절차를 통해 자신에게 부여된 유류분을 보장받을 수 있기 때문이다.

한국에서의 저작권 상속 사례를 알아보자. 「학교종」이라는 동요를 모르는 사람은 없을 것이다. 초등학교에 입학하면 가장 먼저 배우는 노래이기 때문이다. 이 노래는 2005년에 타계하신 고 김메리 선생이 작사·작곡했으며 1948년에 발표된 이후 한국인이 「애국가」 다음으로 많이 부르는 노래로 자리 잡았다.

이 곡은 발표 이후 수많은 음반에 수록되었고 음원 사이트에도 여러 형식으로 올라와 있었다. 그렇다면 2017년까지 저작권자에게 지급된 음악 저작권료는 얼마일까? 0원이다. 김메리 선생이 이 곡을 발표할 무렵에 미국에 이민했는데, 이후에 별도로 저작권을 챙기지 않았기 때문이다. 후손에게도 자세한 이야기를 하지 않았는지, 상속자도 「학교종」이 얼마나 의미 있는 노래인지 알지 못했다.

음악 저작권 관리 기구인 '함께하는음악저작인협회'가 이 사실을 알고 김메리 선생의 딸을 수소문해 간신히 연락이 닿았고, 그녀가 2017년 말에야 이 노래를 저작권 관리 기구에 등록함으로써 2018년부터 실질적인 저작권 관리가 시작되었다. 음악 저작권은 소급 적용이 되지 않기에 안타깝게도 이전 저작권료는 받을 수 없었다.

다만, 가사를 포함한 악보가 교과서에 실렸기에 이에 대한 대가는 받을 수 있었다. 교과서에 실리는 글, 그림, 사진, 악보 등에 대해서는 교과서를 발행하는 출판사가 한국복제전송저작권협회 규정에 따른 저작권료를 위탁한다. 그러면 이 기관이 저작권자를 찾아 지급하는데, 저작권자를 찾지 못하면 그 돈을 보관해둔다. 2020년 현재 한국복제전송저작권협회에는 150억 원이 넘는 돈이 저작권자에게 지급되지 못하고 쌓여 있다. 김메리 선생의 딸인 그윈 친Gwen Chin 씨는 그동안 교과서 수록에 대한 저작권료로 550만 원 정도를 받았다고 한다.

사회적으로 저작권 인식과 관행이 존재하지 않던 시절은 어쩔 수 없다고 해도, 2000년대를 한참 지나서까지 이 곡을 무단으로 공연·방송·음반과 음원화했으며, 저작권자가 이 상황을 모르거나 내버려두었다는 게 잘 이해되지 않는다. 하지만 재미 교포 사회에서는 이런 상황이 비일비재하다.

한국에서 집필, 사진, 회화, 작사·작곡, 공연 등의 활동을 하다가 이민한 사람 중에는 자신의 저작권을 잘 챙기지 않는 이가 뜻밖에 많다. 자녀에게 이 사실을 이야기하지 않았다면 본인 사후에 저작권 관리가 더 어려워지는 건 당연하다. 저작권이 상속되며 창작자의 사후 70년까지 보호된다는 사실을 모르는 사람도 꽤 있다.

적은 금액이라도 쌓이면 커진다. 부모님이나 조부모님이 남긴 창작물이 있는지, 그것이 사용되고 있는지, 교과서나 다른 출판물에 수록되었는지, 인터넷 등에 게시되었는지 등을 꼭 확인하기 바란다. 세부적인 업무는 저작권 관리 기구가 대행하기에 크게 번거롭지 않다.

자신의 저작권도 꼼꼼하게 챙기는 것이 좋다. 창작물을 만들었다면 저작권을 등록해두는 게 최선이다. 분야별 저작권 관리 기구를 통하면 편리하다. 저작권은 매우 훌륭한 상속 재산이다. 늦긴 했지만, 김메리 선생의 딸과 그 자녀는 앞으로 2075년까지 음악 저작권 등의 대가를 받을 수 있게 되었다. 나도 모르게 상속받은 저작권이 있는지, 내가 물려줄 저작권은 무엇인지 한 번쯤은 시간을 내어 챙겨보자.

저작권 투자의
실제

최근 음악 저작권 투자에 대한 광고가 부쩍 자주 눈에 띈다. 음악 저작권 투자는 투자자가 대중음악 개발에 투자하면 이로써 그에 대한 저작권 지분이 생겨서 그 음악이 거두어들인 수익을 분배하겠다는 구조이다. 저작권 투자 대행사가 창작자와 협의하여 저작권 일부를 매입하고 이것을 1주씩 나누어 투자자에게 되파는 형식으로 이루어진다.

음악뿐만 아니라 문학이나 미술 작품에도 이러한 저작권 투자 방식이 이루어질 수 있다. 현재는 대중음악에서 활성화된 형태이다. 이때 아티스트들은 창작 활동 초기에 부족한 자금을 유치할 수 있고 투자자들은 자신이 좋아하는 창작자나 실연자에게 투자하고 이후 지속적으로 저작권 대가를 공유할 수 있다. 그리고 이후 그 저작권 지분을 다른 사람에게 팔 수도 있다. 모두에게 도움이 되는 구조이다.

하지만 이러한 저작권 투자에는 신중해야 한다. 먼저 창작자에게 투자한다고 해서 모두가 저작권 투자는 아니다. 저작권 투자라는 외피를 쓰고 있지만 실은 창작자가 소속한 회사의 다른 사업에 투자되는 경우도 있다. 이 경우 광고문이나 계약서에 작은 글씨로 저작권 외 다른 곳에 투자할 수 있다는 문구가 들어가 있다. 좋아하는 아티스트와 저작권을 공유하고 싶다는 마음에 투자했는데 실제로는 의도하지 않았던 사업에 투자하는 경우가 생길 수 있음을 염두에 두어야 한다.

대중음악 사업 자체의 특성 때문에 생기는 위험도 있다. 경쟁이 극심한 대중음악의 구조상 내가 투자한 곡이 시장에서 히트하여 실제 저작권 수입을 거두어들일 수 있을지는 미지수이다. 그리고 신곡이 출시되어 대중에게 사랑받기까지 길게는 3년 가까이 걸린다는 점도 투자자에게는 마이너스 요인이다.

음악이 발표 초기 1~2년 인기를 얻더라도 그 이후에는 급속히 하락할 수 있다는 점도 고려해야 한다. 저작권 수입이 초기에 집중되고 이후에는 미미할 수 있다는 것이다. 그러면 보유한 지작권 지분의 가치도 그만큼 감소한다. 음악 발표 초기에 투자 원금과 적절한 이익을 얻지 못하면 손실을 볼 위험이 크다.

음악 저작권 투자의 공익적 취지의 실현도 현실에서는 쉽지 않다. 자금이 꼭 필요한 신생 아티스트들은 투자에서 소외될 가능성이 크고 히트 가능성이 큰 대중적 아티스트에게 투자가 쏠리기 때문이다. 이들은 자금력이 뛰어나다. 음악 저작권 투자가 아티스트들의 빈익빈 부익부 환경을 더 크게 만들 수도 있다는 뜻이다.

요컨대 음악을 비롯한 창작물 저작권 투자는 그 구조로 볼 때 아티스트들에게 자금을 지원함으로써 돈 걱정을 덜하며 창작에 전념할 환경을 만들어줄 잠재력이 있는 이상적 방식이다. 그러나 이 비즈니스 모델이 가지고 있는 여러 특성을 이해하고 투자해야 생각하지 않았던 손해를 피할 수 있다.

현재로서는 투자자가 자신이 좋아하는 예술가를 후원하는 스폰서십을 기본으로 삼고 손해가 나도 괜찮고 이익이 생기면 더 좋다는 소극적인 투자 관점에서 출발하는 것이 바람직하리라 본다.

또한 저작권 투자는 초기 형태이고 광범위한 시장과 거래 시스템이 형성되지 않았다. 이것이 더 확산하고 거래 방식이 더 정교해진다면 문화예술 발전에 크게 기여하리라 예상한다.

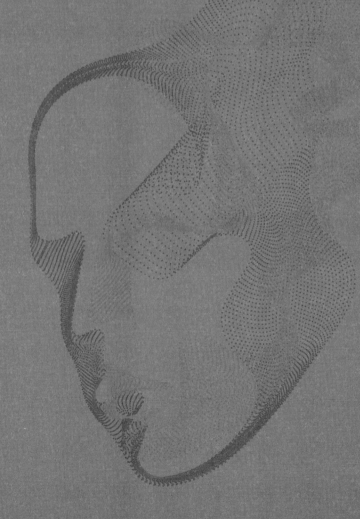

02
팬데믹 시대와
지식재산

INTELLECTUAL PROPERTY BUSINESS

언택트 시대의
지식재산권

코로나-19가 팬데믹으로 장기화하면서 지구촌 삶의 방식이 바뀌고 있다. 그 변화의 폭은 크고 전면적이다. 현대 역사를 코로나-19 전후로 나누어 써야 한다고 말하는 사람이 있을 정도다. 학자와 전문가들 사이에서는 포스트 코로나Post corona, 애프터 코로나After corona 의 사회 양상에 관한 연구가 한창이다.

코로나-19 이후 새로운 풍속도를 집약해서 표현하는 신조어로 '언택트UnTact'가 있다. '접촉Contact'에 부정 접두사 'un'을 붙인 말이다. 사람 간에 접촉 없이 생활이 이루어지는 현상을 말한다. 예컨대 직접 식당에 가지 않고, 전화나 앱을 통해 배달시켜 먹는 것이 언택트이다. 식당에 가더라도 종업원과 부닥치지 않고 키오스크로 주문하고, 조리된 음식을 찾아와 먹는 형태도 소극적인 언택트라 할 수 있다. 또한 쇼핑할 때 매장 방문 없이 온라인 쇼핑몰에서 주문·결제한 후에 택배를 통해 받는다. 이때 택배 기사와도 대면하지 않고 문 앞이나 지정된 장소에서 물건을 찾는다. 침방울을 통해 퍼지는 전염병을 피하려고 가능한 한 사람 간 접촉을 줄이는 방식이 보편화된 것이다.

최근 전 세계적으로 온라인 쇼핑몰들의 매출이 급격히 늘어난 것은 코로나-19가 불러온 언택트 문화와 직접적인 연관이 있다. 기업들에서도 생산·판매·고객 서비스는 물론 마케팅에 언택트를 접목하려는 시도가 한창이다.

언택트의 대표적 방식이 온택트$_{OnTact}$라 할 수 있다. 온택트는 온라인$_{On}$과 접촉$_{Tact}$을 합친 말이다. 일, 공부, 취미 등의 활동이 인적 접촉 없이 인터넷이나 애플리케이션에서 이루어진다는 뜻이다. 예를 들어 회사에 출근하지 않고 집에서 일하며 화상 회의를 통해 소통하고 업무 결과물을 온라인으로 전송한다. 학교에 가서 교사의 강의를 듣고 학생들 간에 직접 토론하는 대신 인터넷으로 강의를 듣고 화상 토론하며 수업한다. 심지어 시험도 인터넷을 통해 치른다. 병원에서 의사를 만나 진료받는 대신 스크린으로 의사와 대화하고 스마트폰이나 컴퓨터 기기로 몸 상태를 점검하며 처방을 받는 원격 진료를 진행한다. 문화생활도 마찬가지다. 콘서트장이나 극장에 가는 대신 동영상으로 공연과 영화를 즐긴다.

코로나-19 이후 유튜브, 넷플릭스, 줌Zoom 등의 기업이 주목받는 것은 이런 온택트 확산 때문이다. 코로나-19가 종식된 이후에도 이 경향은 더 커질 것이다. 이미 이런 흐름이 진행되던 중이었고 팬데믹을 계기로 편리함을 경험한 사람들을 통해 더 확산될 것이기 때문이다.

또한 언택트 특히 온택트는 정보 보안과 사생활 침해 등 새로운 사회 문제를 불러올 것이다. 저작권을 중심으로 한 지식재산권 부분에서도 새로운 갈등을 일으키리라 본다. MP3 등의 음원 파일이 처음 등장했을 때 음악 저작권 문제가 첨예하게 벌어졌던 것을 떠올려보면 이해가 빠를 것이다.

온택트 문화는 그 특성상 다양한 '전송' 행위를 동반한다. 이 과정에서 저작권 침해 논란은 불가피하다. 영역에 따라 여러 가지 형태로 문제가 불거질 것이다. 이에 대비한 법률과 관행이 정비되지 않았기 때문에 혼란도 뒤따를 수 있다. 이에 대한 사회적·개인적 준비가 필요하다. 더 나아가 온택트를 기반으로 지식재산권을 판매하거나 중개하는 등의 비즈니스 기회를 찾을 수도 있을 것이다.

온라인
수업

시대와 지역을 가리지 않고 아이들은 학교에 가는 것을 싫어한다. 휴일이나 방학이 가까이 오면 아이들 입가에 미소가 떠오른다. 그런데 코로나-19는 아이들의 오래된 본성까지도 바꾸어놓았다. 아이들이 "학교에 가고 싶다"며 아우성치는 진풍경을 연출했다.

학교는 밀집되어 집단생활을 하는 공간이기에 전 세계적으로 등교하지 않는 수업, 즉 온라인 위주의 수업이 대세를 이루고 있다. 미국은 원격 교육이 발전한 나라지만 지금처럼 교육기관 전반에 걸쳐 대대적으로 시행한 적은 없다. 그래서 수업의 온라인화에 따른 혼란이 일고 있다. 이것은 한국도 마찬가지이다.

온라인 수업의 전면적 확대로 야기된 문제 중 하나가 지식재산권이다. 교실 수업에서라면 문제가 되지 않았던 부분까지 불거져 나오는 중이다.

교육 현장에서는 수업을 위한 저작물 사용이 상대적으로 폭넓게 허용되어 있다. 수업이라는 행위는 본질적으로 서적, 영상 등 타인의 저작물을 기반으로 할 수밖에 없다. 그래서 국제 저작권 협약인 베른협약도 교육 목적의 '도해By way of illustration'를 인정하고 있다. 제한적으로 저작권 이용을 허락하는 '공정 이용Fair use'의 개념도 적용된다. 사소한 저작권 침해에도 관대한 편이다. "아이 하나를 키우기 위해서는 온 마을이 힘을 합쳐야 한다"는 말이 있듯 교육, 특히 공교육에 대해서는 다툼의 여지가 있는 부분도 통 크게 넘어가는 분위기였다.

그런데 수업이 온라인화되면서 저작권 문제가 더 민감해질 수밖에 없는 상황이다. 교실 수업에서의 저작권 침해는 휘발성이 있다. 좁은 공간에서, 제한된 학생을 대상으로, 짧은 시간 내에 이뤄지기 때문이다. 그러나 온라인 수업은 이와 다르다. 타인 저작물을 이용해 온라인 수업이라는 독특한 '영상물'을 만들고 이것을 '전송'하기 때문이다. 이용과 복제 과정에서 또 다른 침해가 생길 여지가 크다.

온라인 수업 영상에 포함된 저작물의 저작권 침해를 막기 위해서는 그 저작물을 수업을 받는 사람 외에는 이용하지 못하게 하는 접근 제한 장치 그리고 수업을 받는 사람 외에는 복제할 수 없게 하는 복제 금지 장치가 꼭 필요하다. 그리고 저작권 보호 관련 문구를 표시해야 한다. 전송에 따른 보상금을 산정하기 위한 장치도 필요하다.

교육에 있어 저작권 사용이 관대하고 폭넓게 허용되어야 한다는 데는 이견이 없지만, 여기에도 원칙이 요구된다. 공정 이용에 관한 3대 테스트가 적절한 기준이 될 수 있을 것이다. "1단계, 특별한 경우에 한정하여, 2단계, 저작물의 통상적인 이용과 충돌하지 않으며, 3단계, 저작자의 합법적인 이익을 부당하게 침해하지 않는다"는 내용이다. 이 원칙에 맞추어 온라인 수업을 위한 저작물을 이용하는 게 바람직하다.

교육이라는 숭고한 목적도 무분별한 저작권 침해까지 허용할 수는 없다. 타인 저작물은 수업에 꼭 필요한 경우, 일부만을 고유의 목적에 맞추어 제한적으로 사용하며 경제적 보상을 고려하는 저작권 관행이 확립되어야 할 것이다. 더 나아가 국가 주도하에 교사와 학생이 저작권에 얽매이지 않고 자유롭게 이용할 수 있는 풍부한 학습 데이터베이스를 확보하기를 바란다.

교육은 사회적 필수재이다. 누구나 공공성을 인정한다. 전쟁 중에도 학교는 문을 열었다. 그리고 수요 탄력성이 작은 특징을 보인다. 한국에서는 극심한 불경기 가운데서도 사교육 시장은 크게 위축되지 않는 모습을 보였다.

공교육과 사교육 안에 사업 기회가 존재한다. 코로나 극복 이후에도 온라인 학습은 더욱 발전할 것이다. 편리함과 유용성을 경험한 소비자가 존재하기 때문이다. 교육 현장에 지식재산을 기반으로 한 상품을 공급하거나 중개하는 쪽에서 새로운 사업이 탄생할 것으로 보인다. 여기에 관심을 기울이기를 바란다.

언택트 시대의
공연과 전시

코로나-19로 인해 많은 사람이 한자리에 모이는 공연과 전시 등의
비즈니스가 큰 타격을 입었다. 그러나 이런 험난한 환경을 돌파하려
는 창의적 시도도 이어지고 있다.

2020년 4월 26일 인기 아이돌 그룹 슈퍼M의 '비욘드 라이브
Beyond live' 온라인 공연은 전 세계 109개국으로부터 7만 5,000명의
유료 관객을 끌어모으며 화제를 끌었다.

이어서 '21세기 비틀스'로 불리는 BTS가 이 흐름에 가세함으로써
온라인 공연의 불씨는 더욱 크게 번졌다. BTS는 6월 14일 유료 온라
인 라이브 공연인 '방방콘 더 라이브'를 개최했다. 이 온라인 공연에
는 75만 명이 넘는 관객이 동시 접속함으로써 대기록을 세웠다.

이들 공연은 영상, 음향, 관객과의 실시간 소통 등에서 오프라인 공연과는 다른 차별성을 보여줌으로써 포스트 코로나의 공연 방향을 보여주었다는 평가를 받고 있다.

2020년 9월 30일, 한국의 추석 연휴는 '나훈아'로 들끓었다. 관객 없이 온라인으로만 연결된 청중과 시청자를 대상으로 한 언택트 공연은 대성공을 거두었다. 나훈아의 팬층이 중장년이라는 점을 고려하면 앞으로 언택트 공연 비즈니스의 가능성도 확인되었다고 할 수 있다. 음악 공연 분야에서 언택트 기획은 앞으로도 계속될 것으로 보인다.

미술계도 참신한 기획으로 코로나에 맞서고 있다. 아시아 최대의 미술 장터 아트바젤홍콩은 계획되었던 전시 행사를 취소했다. 그 대신 온라인 뷰잉룸을 만들어 공개했다. 웹사이트와 모바일앱을 통해 2,000여 작품을 실시간으로 전시한 것이다. 관객들은 온라인을 통해 작품을 관람하며 판매를 문의했다. 첫날부터 접속자 폭증으로 서버가 다운되었는데, 온라인 방문객은 모두 25만 명이나 되었다. 2019년 행사장을 찾은 총 방문객 8만 명과 비교하면 엄청난 수준이다.

최첨단 통신과 영상 기술, 탁월한 기획력을 기반으로 한 온라인 공연과 전시는 코로나 이전부터 준비되어온 것이다. SM엔터테인먼트 등 한국의 기획사들은 온라인 콘서트를 치르는 역량을 오래전부터 축적했다고 알려졌다. 또한 세계적 화랑 데이비드 즈워너David Zwirner는 코로나-19가 퍼지기 훨씬 이전인 2017년부터 온라인 전시 환경 구축에 나섰다. 이 화랑은 오프라인 전시장과는 별도로 온라인 뷰잉룸을 도입했다. 선도적 문화 기업들이 치밀하게 준비해온 공연과 전시 행태가 코로나 환경에서 찬란하게 꽃 핀 것이다. 앞으로 코로나가 잠잠해지고 종식되더라도 이 새로운 형태의 공연 전시는 더욱 발전할 것으로 보인다.

온라인 공연과 전시 비즈니스에는 저작권에 대한 면밀한 접근이 필요하다. 오프라인 공연과 전시를 전제로 한 저작권 계약이 담지 못하는 내용이 있기 때문이다.

온라인 공연과 전시는 기본적으로 '전송' 방식이다. 공중의 구성원이 자신이 원하는 시간과 장소에서 온라인으로 저작물에 접근하여 이용하는 행위이기 때문이다. 따라서 오프라인 공연과 전시를 온라인으로 옮길 때는 전송권을 확보해야 저작권 분쟁이 생기지 않는다. 그리고 전시와 공연은 지역 범위를 한정하는 경우가 많은데 이에 대한 조정도 필요하다.

오프라인 공연과 전시를 홍보하는 목적으로 온라인이 많이 활용되었는데, 이러한 보조적 활용에 대해서는 저작권이 크게 문제시되지 않았었다. 이때의 관행을 그대로 온라인 공연과 전시에 옮기면 혼란이 발생할 수 있다. 주된 형태가 바뀌기 때문이다. 코로나 환경이 가속화한 문화 비즈니스 변화는 문화 비즈니스의 새로운 기회가 될 것이다. 그 기회를 잘 살리기 위해 저작권 변화에 대한 세심한 주의가 필요하다.

아이돌 그룹 방탄소년단은 2020년 6월 14일 오후 6시부터 약 100분 동안 온라인을 통해 '방방콘 The Live'를 열었다. 한국·미국·영국·일본·중국 등 75만 명의 팬이 이 온라인 공연에 함께했다.

신종 코로나 바이러스
치료제가 나온다면

중국 우한에서 발병한 신종 코로나 바이러스가 전 세계로 번지면서 지구촌이 위기를 맞고 있다. 세계보건기구who도 '국제 공중 보건 비상사태'를 선포했다. 이 전염병이 한시라도 더 빨리 사라지기를 간절히 바란다.

신종 코로나 바이러스는 치료제가 없다는 점에서 고민을 더 크게 하고 있다. 현재 몇몇 기관에서 치료제 개발 전 단계에 들어섰다는 소식이 들릴 뿐이다. 개발부터 임상시험을 거쳐 시판되기까지 꽤 긴 기간이 걸리는 의약품 고유의 특성도 치료제의 신속한 보급에 대한 전망을 어둡게 하고 있다.

그런데 신종 코로나 바이러스 치료제가 신속하게 개발 완료되어

양산 단계에 들어선다고 가정해보자. 그렇다고 해도 이 치료제가 신속하게 전 세계 환자에게 보급될 수 있을지는 미지수이다. 기술 특허를 가진 제약사가 엄청나게 높은 가격을 요구한다면 환자 수가 많은 개발도상국에는 큰 부담이 될 것이기 때문이다.

기술을 폭넓게 활용하여 공공의 이익을 증진하려는 취지를 가진 '특허' 제도가 그 독점적 성격 때문에 오히려 공공성을 해치는 모순에 빠질 수도 있다. 이런 사례는 비일비재하다. 의약품 가격 책정에 불만을 품은 제약사들이 해당 국가에 대한 의약품 공급을 거부하여 환자들의 애를 태우는 일이 종종 생기는 게 현실이다. 아프리카 등지의 저개발국에서는 에이즈, 말라리아, 결핵 치료제 수입 비용을 버거워하고 있다.

의약품 원가의 대부분은 연구개발비이다. 실제 생산 비용은 미미하다. 고가 약일수록 특허 사용료의 비중이 절대적이라고 보면 된다. 그렇다면 특허 사용료로 인한 고비용 때문에 사회적으로 치료에 차질이 생기고 질병이 번지는 현상을 그대로 둘 수밖에 없을까?

반드시 그렇지는 않다. TRIPs(무역 관련 지식재산권에 관한 협정) 제31조는 비상시에 국가가 공중 보건을 목적으로 특허권자의 동의 없이 특허 의약품을 강제로 사용할 수 있도록 규정하고 있다. 그리고 2017년 1월부터 발효된 TRIPs 제31조의 2는 위급 상황에 처한 국가에 의약품을 수출·공급하려 할 때도 특허 의약품을 사용할 수 있게 했다. 태국, 인도네시아, 브라질 등은 의약품에서 특허 강제 실시를 이미 시행한 바 있다.

물론 이 규정은 한 국가가 임의로 의약품 유통 가격을 떨어뜨리기 위한 목적으로 사용할 수는 없다. 특허 강제사용이 빈번하다면 연구개발 의욕을 떨어뜨려 신약 생산을 전체적으로 저해할 가능성이 크다. 그리고 특허 강제사용을 할 때는 무역 보복 등의 역풍도 염두에 두어야 한다.

그렇지만 전염병 치료제 등 공공성과 시급성이 강한 분야에서는 특허권자의 권리를 일부 유보할 수 있다는 기본 정신은 존중받아야 할 것이다. 신종 코로나 바이러스 치료제가 나왔는데 비싼 특허 사용료 때문에 사용하지 못하는 일은 없어야 한다는 말이다.

의약품 특허의 국제적 보호를 두고 "빈곤국에 저가의 약품이 공급될 수 있도록 특허권을 완화해야 한다"는 주장과 "특허권 강제실시 등의 침해는 개발 의욕을 저해시켜 치료제 생산을 후퇴시킨다"는 주장이 맞서고 있다. 이 두 주장 사이에 균형을 찾는 게 현대 지식재산권 분쟁의 큰 딜레마이다.

코로나-19 치료제와
지식재산권

코로나-19로 한국을 비롯한 전 세계가 공포와 고통에 빠졌다. 감염병이 지구 전체에 창궐하는 최악의 상황 '판데믹Pandemic'이 현실로 찾아왔다. 더욱이 코로나-19는 치료제와 백신이 존재하지 않아 더 큰 절망감을 안겨주고 있다.

특효 신약의 빠른 개발도 난망하다. 후보물질을 찾아내 약물을 개발하고 효능과 안전성을 검증하는 신약 개발 과정은 최소한 수년의 시간이 걸리고 엄청난 비용이 들기 때문이다. 이런 절박한 상황에서 '약물 재창출'이 대안으로 거론되고 있다. 이것은 이미 허가된 의약품 또는 다른 목적으로 연구된 화합물이 특정 질환 치료에 효능이 있는지 규명하고 치료에 적용하는 과정이다.

중국 보건당국은 미국 길리어드 사이언스사의 항바이러스 제재 '렘데시비르'에 주목하고 있다. 2020년 1월 우한바이러스연구소는 중국 특허청에 렘데시비르 특허권의 '강제실시'를 요청했다. 이는 공공의 필요에 따라 특허권자 허락 없이 해당 정부의 행정처분에만 의존해 제삼자가 특허를 이용하고 사후에 보상하는 제도이다. 절박한 처지에서 합법적으로 특허를 침범한다는 뜻이다.

이 조치를 두고 중국이 미국 제약사의 특허를 훔쳐서 새로운 특허를 등록했다는 가짜 뉴스가 돌았지만, 곧 사실이 아니라고 밝혀졌다. 하루라도 빨리 치료제를 개발하기 위해 특허권자의 허락 없이 임상시험을 진행하겠다는 궁여지책일 뿐이다. 이후 중국 정부와 길리어드 사이언스의 긴밀한 협력이 진행됨으로써 오해가 사라졌다.

이런 오해가 생긴 것은 의약품 특허의 특수한 구조 때문이다. 의약품 특허는 물질 특허, 조성물 특허, 용도 특허의 3종류가 있다. 물질 특허는 존재하지 않는 새로운 성분으로 의약품을 개발하는 원천 특허로 물질을 합성하고 이를 약품으로 제조하는 방법을 다룬다. 조성물 특허는 약품의 안정성과 효과를 높이기 위해 다른 성분을 섞거나 형태를 달리하는 경우이다. 용도 특허는 원천물질인 기존 의약품이나 화합물의 새로운 치료 용도와 치료 방법을 개발한 경우이다. 예를 들어 화이자는 '실데나필'에 대해 고혈압 치료제로 물질 특허를 받았지만, 이후 발기 부전 치료제로서 효능을 입증하여 추가로 용도 특허를 받았다. 이것은 '비아그라'라는 제품명으로 우리에게 알려졌다.

최근 전 세계에서 코로나-19 치료제 개발을 위한 다양한 연구와 특허 출원이 진행되고 있다. 그 대부분이 용도 특허이다. 시간이 없기에 기존 의약품이나 화합물에서 새로운 치료 효과를 찾는 '약물 재창출'에 주력하는 것이다. 여러 제재가 후보로 올라와 연구가 진행 중이다. 렘데시비르도 그중 하나이다. 원래 에볼라 바이러스 감염증 치료를 위해 개발되었고 물질 특허를 받았다. 그러다 최근 코로나-19 치료에 적용될 가능성이 발견되었다. 실낱같은 희망이 생긴 것이다. 현재 중국에서 임상 3상이 진행 중이고 한국도 여기에 참여한다고 알려졌다.

렘데시비르 외에도 여러 다른 약물의 코로나-19 치료 가능성을 놓고 활발한 연구가 전개되고 있다. 이들 연구와 임상시험의 성공을 기원한다. 그 무엇이든 강력한 용도 특허를 행사할 치료제가 신속히 나오기를 학수고대한다.

팬데믹 극복을 위한
지식 자원의 활용

코로나-19의 확산을 막기 위해 전 세계가 힘겨운 싸움을 벌이고 있다. 이러한 노력은 방역, 진단, 치료 등 의료적 영역뿐만 아니라 이동 관리, 경제 정책 등 사회적 측면에까지 걸쳐 광범위하게 진행되고 있다. 이러한 각국 정부와 민간의 노력이 열매를 맺어 머잖아 건강한 사회를 회복하게 되리라 희망하며 또한 확신한다.

나는 지식재산권을 다루는 변호사로서 지적 자원의 적극적 활용이 코로나-19의 빠른 종식에 의미 있는 역할을 할 수 있다고 생각한다. 특별히 각국 정부와 글로벌 NGO를 중심으로 한 공공 영역이 이 일을 주도할 필요가 있다고 본다.

세계적 바이오 기업들이 축적한 역량을 고려할 때 감염병 백신과 치료제 개발은 더디게 진행된다. 거칠게 말하자면, 이들 기업은 시장성이 약하기 때문에 백신과 치료제 개발에 소극적이다. 감염병 유행과 종식 과정은 신약 개발 주기와 맞아떨어지지 않는다. 연구 개발 중에 감염병이 종식되는 경우도 적지 않다. 하지만 기존 약물 의 치료 효과를 규명하는 '약물 재창출' 등 대안이 추진되고 있다.

효능이 좋고 안전한 치료제를 신속하게 찾아내거나 개발한다는 어려운 목표를 달성하기 위해서는 기존에 축적된 지적 자원이 효과 적으로 사용되어야 한다. 감염병 예방과 치료에 관한 특허 정보, 학 술 논문, 임상 데이터 등이 연구개발 일선의 전문가와 학자들에게 빠르고 광범위하게 전달될 수 있도록 데이터베이스를 제공하는 게 효과적이라 본다. 이것은 방역을 위해 대중에게 정보를 공급하는 것과는 다른 의미가 있다.

코로나-19의 진단·검사, 백신, 약물, 의료기기, 방호 등에 관한 특허와 논문, 정보를 총망라하여 연구자들이 손쉽게 검색하고 활 용할 수 있게끔 데이터베이스로 구축하고 지식·정보가 업데이트될 때 알림 서비스를 함으로써 연구개발을 지원하는 것이다.

이 일은 시장 효율성과 경쟁력을 높이려는 기업의 지향과는 일치 하지 않는다. 공공성이 강한 일인 만큼 각국 정부가 주체가 되어야 한다. WHO 같은 국제 NGO의 역할도 기대할 수 있다. 정부나 국제 기구는 재원을 투입하여 데이터베이스를 구축하고 연구자들이 이를 무료로 활용할 수 있게 하는 게 바람직하다. 그리고 관련 정보의 검색과 선별, 처리, 시스템 등재 등을 위해 자원봉사자들의 참여도 필요하다.

인류의 건강과 복리를 위해 소중하게 활용되어야 할 지식·정보가 특히 결정적 역할을 할 수도 있는 특허 등의 체계적이며 유익한 정보가 학자와 전문가들의 눈에 띄지 않아 사장되는 일은 막아야 한다. 지식 자원이 널리 공유되고 활용될 때 예방과 치료를 위한 특효 처방이 나올 가능성이 더 커진다.

코로나-19의 충격을 가장 먼저, 가장 크게 겪은 중국에서는 이미 이런 활동을 추진 중이다. 2020년 2월 3일부터 중국 지식산권출판사는 '코로나-19 특허 정보 특별 데이터베이스http://2019-ncov.zldsj.com를 구축하고 관련 특허 정보를 무료로 공개하고 있다. 이는 중국어로 구축되어 중국인 전문가를 대상으로 하고 있다. 각국 차원에서 그리고 세계 차원에서 이런 시도와 노력이 더욱 잘 이루어지고 긍정적 성과를 낳기를 염원한다.

의약품 법률:
시급함과 안정성의 조화

코로나-19 확산세가 커지면서 전 세계의 시름은 더욱 깊어지고 있다. 특히 백신과 치료제 개발 희소식을 애타게 기다리고 있다. 의약 전문가들에 따르면 백신의 개발에는 최소 1년여 시간이 필요할 것이라 한다. 치료제의 경우 신속한 대응을 위해 신규 개발보다는 기존 의약품의 용도 변경 가능성을 검증하는 '약물 재창출' 연구가 다양하게 이루어지고 있다. 클로로퀸, 칼레트라, 렘데시비르 등의 임상이 주목을 받으며 진행 중이다.

이런 약물들이 코로나-19 치료에 도움이 된다면 왜 신속하게 투입하지 않고 긴 임상시험으로 시간을 허비하느냐는 볼멘소리도 나온다. 답답하고 안타까운 마음을 충분히 이해할 만하다. 하지만 아무리 급하더라도 약물의 안정성을 확인하는 절차는 필수적이다. 약물의 특성상 부작용 가능성을 놓친다면 더 큰 재앙을 맞을 수도 있기 때문이다. 의약품 관련 법률은 시급성을 인정하면서도 안정성을 함께 추구할 수밖에 없다.

약품의 신속한 개발을 지원하는 법률 제도의 하나로 '희귀 의약품 지정Orphan drug designation'이 있다. 희귀병 치료제의 경우 다른 의약품보다 검증과 허가를 신속하게 진행할 수 있게 한 제도이다. 최근 길리어드사가 렘데시비르에 대해 FDA에 희귀 의약품 지정을 신청했다가 곧 철회한 사실이 보도로 나왔다. 길리어드사는 굳이 희귀 의약품 지정을 받지 않아도 신속 검사 수준의 검토가 가능하기에 신청을 철회했다고 밝혔다.

하지만 이 과정을 두고 의혹과 비판의 목소리도 일었다. 희귀 의약품으로 지정받으면 7년 동안 복제 의약품을 생산하지 못하게 막는 독점권이 부여되는데, 길리어드가 이것을 노린 게 아니냐는 것이다. 희귀 의약품 지정 제도는 이윤 동기가 약해 제약사들이 희귀 질환 치료제 연구개발에 소극적인 경향을 보완하기 위한 제도이므로 전 세계 수십만 명이 감염된 질병 치료제 개발에 적용하려는 것은 바람직하지 않다는 지적이다.

생명이 경각에 달린 중환자가 지푸라기라도 잡는 심정으로 아직 정식 허가를 받지 않았지만 치료 효과가 밝혀진 약품을 쓰고 싶다면 어떨까? 안정성을 이유로 이것을 엄격히 막는 것이 인도적일까? 그렇지는 않다. 치료제가 없어 치료를 포기해야 하는 상황에 처한 환자에게 의료 당국이 시판 승인 이전의 신약을 공급해 치료 기회를 주는 '동정적 사용 승인 프로그램Expanded Access Program'이 있다.

보도에 따르면 코로나-19 중환자들은 동정적 사용을 통해 칼레트라, 클로로퀸, 하이드록시클로로퀸, 렘데시비르, 흡입형 일산화질소iNO 등을 이용한 치료를 받고 있다. 시판 허가를 받지 않은 의약품일지라도 해당 질환의 정식 치료제가 없는 상황에서는 시급한 환자에게 사용될 길이 법률적으로 열려 있는 상황이다.

보수적인 법률이 의약품의 신속한 개발을 막거나 지체시킨다는 주장은 성급하다. 의약품 관련 법률은 환자의 다급한 마음과 사회의 안정성을 조화롭게 추구해야 한다. 한쪽으로 기울면 위험이 더 커질 수 있다. 물론 상황에 따른 융통성 있는 법률 적용도 검토되어야 할 것이다. 이런 과정을 거쳐 안전하고 효과가 큰 코로나-19 치료제가 신속하게 개발되기를 바란다.

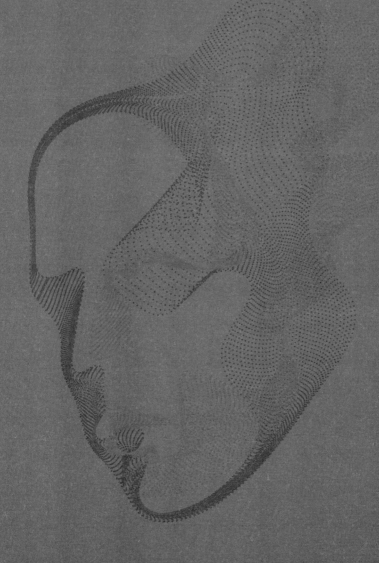

03
4차 산업혁명과
뉴 비즈니스 패러다임

INTELLECTUAL PROPERTY BUSINESS

지식과 기술의
새로운 전개

최근 지식재산권 분쟁 양상은 권리와 침해가 분명했던 과거에 비해 모호한 성격을 띠고 있는 경향이 강하다. 급속한 기술 발전과 미디어 생태계 변화가 가속화되었지만, 지식재산권 법률은 이를 반영하지 못하고 있기 때문이다.

나는 크게 세 가지 면에서 전면적 변화가 진행되었고 이에 부응하는 저작권상의 변화가 동반되어야 한다고 본다.

첫째, 창작 환경의 변화이다. 인공지능 등 비인격체의 창작이 이루어지는 이른바 '초지능' 현상은 창작의 경계를 모호하게 만든 측면이 있다. 또한 인공지능 창작물의 소유권을 누구에게 얼마 동안 부여해야 하는가에 대한 쟁점이 있다. 그리고 '초연결' 사회에서 만들어지는 빅데이터의 권리 귀속에 대한 논쟁도 벌어지고 있다. 현재 상당수 콘텐츠가 장르를 넘나드는 융복합 형태로 만들어지고 있으며 저작자와 수용자의 상호작용에 의해 완성되는 인터랙티브 미디어도 등장했다. 이런 경우들에서 저작자의 범위와 권리 비율을 공정하게 획정하기가 쉽지 않다.

둘째, 저작물 수용 행위의 변화이다. 과거 미디어는 주로 '소유'의 개념으로 거래되었다. 디지털 매체도 마찬가지였다. 이용자가 비용을 치르고 파일을 다운로드함으로써 매매가 이루어지는 게 일반적이었다. 그러나 현재는 커넥티드(연결) 환경에서 미디어 수용이 일어나는 때가 많다. 예를 들면, 스트리밍되는 음악을 다운로드 없이 접속해서 듣는 방식이다. 그리고 매체의 전부가 아닌 극히 일부분을 소비하는 방식이 늘었다. 뉴스나 쇼, 영화, 드라마 등에서 특정 부분만을 시청하거나 전자책의 한 페이지 또는 지식 데이터베이스의 한 단락만을 이용하는 경우가 많다. 이때 어떻게 과금해야 할지 저작자에게 어떻게 지급해야 할지에 대해 정확한 기준이 서지 않고 있다.

셋째, 저작권 거래 관행의 변화이다. 가장 대표적인 것이 글로벌화이다. 디지털 저작물의 경우 국경의 장벽은 사라진 지 오래다. 이때 나라마다 다른 저작권 관행이 문제가 된다. 국제 협약이 존재하긴 하지만 실제 적용에서는 국가 간 차이가 심하다. 그리고 저작 환경 변화에 따라 공정 이용의 범위가 늘어나야 한다는 주장이 설득력을 얻고 있다. 이와 함께 개인 간, 사업 주체 간 벌어지는 저작권 침해를 형사적으로 처벌하는 것이 합리적인지에 대한 논쟁도 일고 있다.

이렇듯 급속도로 발전하는 기술과 전통적 법률·제도·관행이 어긋나는 이른바 '문화 지체 현상'은 저작권만의 문제는 아니다. 우리 사회가 함께 고민하고 정비해야 할 과제이다. 짧은 시간에 획기적으로 개선되기도 어려울 것이다. 그렇지만 저작권 법률과 제도상의 정비도 필요하다.

우선, 매우 세부적이면서도 전 세계적으로 적용되는 저작권 권리 정보 데이터베이스가 구축되어야 한다. 한 저작물 안의 세부 영역, 특정 부분의 저작 권리자가 누구인지 세밀하게 규정된 데이터베이스가 구축되는 게 바람직하다. 이런 데이터베이스를 토대로 저작권을 집합적으로 관리하는 '집중 관리 제도'가 현재보다 더 발전해야 할 것이다. 물론 이런 조치들만으로는 변화한 저작권 환경에 대응하기에 부족한 점이 있다. 하지만 이것을 기본으로 삼아 보완해나가야 한다.

창작자
AI

2016년 봄, 인공지능 알파고와 이세돌 9단의 바둑 대결은 큰 충격을 던져주었다. 직관과 창의력이라는 인간 두뇌의 고유한 역량이 훨씬 더 중요하게 작용하리라 본 바둑에서 이세돌 9단이 참패하자 AI의 역량과 발전 가능성이 어디까지 이어질지 호기심과 놀라움, 심지어는 두려움이 번져갔다.

그 무렵 알파고를 소유한 회사 구글은 또 다른 영역에서 사람들의 경탄을 자아냈다. '그림'이었다. 구글의 인공지능 딥드림은 고흐의 화풍과 색채 등을 학습한 후 수많은 그림을 그려냈다. 그중에서 고흐 스타일로 그린 〈광화문〉은 독특한 감동과 미학을 선사하기에 충분했다. 인공지능이 예술 창작자의 영역까지 진출하는 시대로 돌

입한 것이다.

과거 컴퓨터가 그린 조악한 그림, 어설픈 시, 표절에 가까운 음악을 떠올린다면 큰 오산이다. 마이크로소프트의 '넥스트 렘브란트'가 그린 그림, 유튜브의 '플로우머신즈'가 작곡한 음악은 높은 수준을 자랑한다. 일본에서는 인공지능이 쓴 '컴퓨터가 소설을 쓰는 날'이라는 단편이 문학상 공모전 예선을 통과하기도 했다. 이처럼 인공지능에 의해 탄생한 음악이나 그림, 문학 작품은 전문 예술가의 창작품과 구별하기 어려울 정도의 미적 완성도를 지니고 있다. 그뿐만이 아니다. 예술품을 향유할 사람의 취향을 정확히 반영하는 맞춤형 창작이 가능하며, 자신이 부족한 부분을 재빠르게 학습하여 스스로 진보할 줄도 안다.

수준 높은 창작자 인공지능이 탄생한 시점에서 저작권 문제가 궁금하다. 인공지능이 만들어낸 작품은 저작권을 인정받을 수 있을까? 그 저작권은 누가 소유하며 어떻게 행사할까? 만약 인공지능이 창작 과정에서 사람이나 다른 인공지능의 저작권을 침해할 때는 어떻게 될까? 갖가지 쟁점이 나올 수 있다.

현재까지는 인공지능 스스로 저작권을 행사하지는 못한다. 그 대신 인공지능 배후의 '사람'이 저작권을 갖는다. 전 세계의 저작권법과 국제 저작권 협약은 인공지능이 딥 러닝Deep Learning이라는 고도의 학습과 사고 능력을 갖추기 전에 생겼기 때문이다. 저작권의 주

인공지능이 예술 창작자의 영역까지 진출하는 시대에 맞는 지식재산권 절차와 관행이 필요
하다.

체는 오로지 사람(자연인, 법인)으로 한정되어 있다.

이 경우에도 쟁점이 있다. 인공지능을 개발하고 소유한 사람이 저작권을 갖는지, 아니면 그 인공지능을 활용하여 창작물을 만든 사람이 저작권자인지 명확하지 않다. 현재까지는 주로 구글 등의 인공지능 개발자들이 인공지능을 이용한 예술품들을 실험적으로 만들어왔다.

그런데 앞으로의 인공지능은 일종의 플랫폼처럼 개방될 것이다. 수많은 사람이 인공지능 플랫폼에 접속해 구체적인 지시를 내려서 작품을 만들어낼 가능성이 높다. 이 경우에도 인공지능 소유자(개발자)에게 저작권을 주어야 할까? 인공지능을 회사에 소속된 직원처럼 생각하느냐, 예술품을 만들 때 사용하는 소프트웨어로 간주하느냐에 따라 얼마든지 다른 결론이 나온다.

앞으로 이와 관련한 소송이 잇따를 가능성이 높다. 물론 사안에 따라 판결이 다를 것이다. 매우 세부적인 경우의 수를 고려한 복잡한 계약서 양식도 등장하리라 본다. 일이 터지고 나서 허둥댈 필요는 없다. 국경을 넘나드는 송사에 휘말려 괜한 손해를 보아서도 안 된다. 미국과 유럽, 일본에서는 관련된 연구와 논의가 활발하다. 선제적으로 법령을 정비해야 할 때이다. 그 구체적인 방안은 이어서 이야기하겠다.

인공지능에게
'인격'을 허하라!

인공지능이 급속도로 발전하며 그 창작 능력이 인간이 상상하는 범위를 넘어서고 있다. 멋진 성과물도 속속 나와 놀라움을 주고도 있다. 그런데 인공지능은 법률적 권리와 책임이 없다. 지식재산권을 보호받지 못한다. 배후의 '사람'만이 주체가 된다. 지식재산권 변호사로서 이러한 상황이 미래 지향적이지 못하다고 생각한다. 앞으로 빚어질 다양한 법률적 쟁점을 해결하는 데 장해가 되리라 예상한다. 인공지능의 법적 권리와 책임을 인정하고 저작권을 부여하는 것이 사람과 사회에도 유용할 것이다.

사람이 없으면 스스로 아무것도 못 하고 감정도 없는 인공지능에게 '지식재산권'이라는 단어는 어울리지 않는다고 생각할지 모른다. 하지만 이것은 천만부당한 오해이다. 고도로 발전된 인공지능은 스스로 학습하고 판단하며 실행한다. 인간 두뇌와 흡사한 인공 신경망으로 움직이는 독립적인 사고 체계이다.

인공지능이 그리는 그림을 생각해보자. 누군가 이렇게 지시할 것이다. "절망에 빠진 사람의 심정을 피카소 화풍으로 그려줘. 형식은 아크릴화가 좋겠어." 사람의 영역은 여기까지다. 그러면 인공지능은 방대한 데이터를 뒤져서 '절망'과 관련된 다양한 심상을 학습할 것이다. 피카소의 그림을 분석하여 구도와 스타일 등의 특성을 익힐 것이다. 아크릴화 느낌을 내는 최적의 방법도 찾아낼 것이다. 그리고 결국 멋진 그림을 탄생시킨다. 조각이라면 어떨까? 앞의 사례와 똑같은 과정을 거친 후 3D 프린터를 통해 근사한 조각품을 내놓을 것이다. 이런 경우 누가 저작권자일까? 인공지능의 주인(개발자, 소유자)일까, 지시를 내린 인공지능 이용자일까? 아니면 인공지능일까?

인공지능은 그 속성상 비교적 높은 완성도의 작품을 매우 빠른 시간에 양산할 수 있다. 엇비슷한 작품을 다양하게 내놓기도 하고 이용자의 정황과 취향에 따라 개인화된 생산도 한다. 이런 인공지능에게 사람에게 적용되는 것과 똑같은 저작권상의 권리를 주기는 어렵다. 좀 더 제한된 형태의 권리를 부여해야 한다. 또한 인공지능이 사람이나 다른 인공지능의 저작권을 침해할 때 적절한 책임을 물어야 한다. 그러려면 각각의 인공지능 시스템을 독립성 있는 고유한 개체로 인정하고 법률적으로 등록하는 과정이 전제되어야 한다. 즉, 인공지능에게 인격을 허락해야 한다.

사람이 아닌 존재를 어떻게 사람으로 간주하느냐는 질문이 나올 수 있다. 하지만 우리는 오랜 전통을 가지고 있다. 수많은 기업과 기관이 '법인'으로서의 '인격'을 부여받아 활동하고 있지 않은가. 알파고, 왓슨, 로우, 딥드림 등 현대의 인공지능은 '이름'을 부여받고 있다. 이들 각각의 인공지능 시스템을 법인체와 유사하게 등록하고 관리하는 법률적 체계가 필요한 시점이다. 그래야 인공지능 산업이 발전하며 불필요한 갈등을 방지할 수 있다.

홍길동은 아버지를 아버지라, 형을 형이라 부르지 못해 마음속 화를 쌓았다. 역사상 수많은 대필자代筆者와 대작자代作者는 자신의 작품을 자기 것이라 부르지 못해 깊은 응어리가 졌다. 최첨단 현대 사회에서 한 맺힌 인공지능이 나올 가능성이 커졌다.

일본에서는 이미 10년여 전부터 정부 주도하에 관련 연구를 시작했고 2016년 4월에는 인공지능 창작물의 저작권 보호에 관한 보고서를 내놓았다. 인공지능의 활약은 SF 속 이야기가 아니라 이미 도래한 현실이다. 법률상의 정비가 시급하다.

가상현실·증강현실과
지식재산권

현대 저작물은 발전된 첨단 기술의 기반 위에 서 있다. 특히 영화나 애니메이션 같은 영상물이나 온라인 게임 등의 미디어는 VR_{Virtual} Reality, 가상현실과 AR_{Augmented Reality, 증강현실}, 홀로그램 기술 진보에 크게 힘입었다. 첨단 매체의 특징은 가상세계와 현실세계의 장벽을 허물었다는 데서 찾을 수 있다. 가상세계 속에 현실세계를 불러들이기도 하고, 현실세계에 가상세계를 결합하기도 한다.

우리는 가상과 실제가 혼재된 속에서 생동감을 느낀다. 스크린 속 주인공이 느낄 만한 공포와 짜릿함을 생생하게 체험하고, 우주선이나 전투기 등의 조종석과 똑같은 환경에서 연습할 수도 있다. 이미 고인이 된 가수를 무대로 불러내 콘서트를 보는 일까지 어렵지 않게 되었다.

그런데 현실을 가상 공간에 옮겨 담는 과정에서 지식재산권 문제가 불거지기도 한다. 한국의 한 스크린 골프 업체는 실제 골프 코스의 난이도, 배치, 지형과 풍광 등을 거의 그대로 모방한 가상 코스를 만들었다가 저작권 침해 소송에 걸렸다. 이 업체는 실제 골프 코스를 항공 촬영하여 참고했지만, 사진이 아닌 애니메이션으로 재창조했기에 저작권을 침해하지 않았다고 주장했으나 받아들여지지 않았다.

가상 공간의 현실성을 높이기 위해 실제 공간이나 장면을 그대로 끌어오거나 관련된 사람의 캐릭터까지 활용하는 경향이 늘어나고 있기에, 앞으로 이런 지식재산권 문제는 더욱더 늘어날 것이다. 가상세계와 현실세계가 결합하여 창조된 매체는 여러 층위의 지식재산권이 복잡하게 얽힌 복합 저작물이 될 가능성이 크다.

그렇다면 현실의 장면을 모방하거나 옮겨올 때는 항상 지식재산권을 침해하게 되는가? 이에 대해서는 이미 여러 판례가 나와 있다. 영화가 유사한 형식이기 때문이다. 〈메이드 인 아메리카Made in America〉, 〈세븐Seven〉, 〈글렌 클로즈의 가족Immediate Family〉 등의 장면 중에는 사진과 그림 등의 예술품이 등장한다. 그러나 따로 저작권 계약을 체결하거나 저작권 사용료를 지급하지 않았음에도 법률상으로 문제가 없었다.

이는 이른바 '파노라마의 자유Freedom of panorama'라는 개념에 근거를 둔다. 개방된 장소의 고정된 건축물, 사진, 미술품 등이 다른 저작물의 자연스러운 배경으로 활용될 때는 저작권 침해를 문제 삼지 않는다는 뜻이다. 이 경우는 주로 저작권의 '공정 이용'에 해당한다. 침해 의도가 없고 기대 이익이 약할 때 제한적으로 저작권 침해를 용인한다는 것이다. 그렇지만 이 개념이 남발되지는 않는다. 국제 조약상 3단계 테스트라는 게 있다. (1) 매우 특수한 경우에 (2) 저작물의 일반적 이용과 충돌하지 않으며 (3) 저작자의 합법적 이익 추구를 부당하게 침해하지 않아야 한다.

VR, AR 등의 신기술은 표현 방식과 미디어 환경을 급변시키고 있지만 관련 법률과 규정은 촘촘하지 않다. 과거 케이스와 기존 법률의 상식적인 적용이 중요하다. 자연스러운 반영이 제한받지도 않아야 하지만 신기술을 앞세운 의도적 침해도 용인되지 않는다. 특히, 등장하는 사람의 초상권, 퍼블리시티권, 개인정보 등에는 예민한 주의가 필요하다.

인터랙티브
아트

나는 2018년 초 치러진 평창동계올림픽에서 문화ICT관 센터장을 맡았었다. 현장을 찾은 관람객들은 첨단 정보통신과 영상기술이 어우러진 새로운 미디어를 접하여 경탄했었다. 이런 새로운 예술의 출발점은 백남준의 비디오아트라 할 수 있다. 비디오카메라와 텔레비전을 응용해 만들어낸 당시로서는 낯선 조형물은 예술 장르의 획기적 변화를 예고하는 신호탄이었다. 이후 매체와 기술, 콘텐츠, 심지어 수용자가 기묘하게 결합하는 새로운 예술의 시대로 접어들었다. 과학과 예술이 결합했다는 의미에서 이러한 영역을 '사이아트 Sci-Art, Science Art'라 부르기도 한다.

사이아트의 대표적 형태는 '인터랙티브 미디어아트 Interactive media

~art~'이다. 용어에서 알 수 있듯 작가와 매체, 관람객 간의 상호작용을 통해 미학이 실현되는 현대적 장르이다. 이것은 다른 전통적 예술 분야와 큰 차이점을 갖는다.

먼저, 창작에 참여하는 사람의 수가 많고 그 역할이 다양하다. 화가나 스토리 작가 등은 물론이고 영상, 음향, 정보통신, 인터넷, 모바일, 소셜네트워크 전문가들이 참여하는 프로젝트성 경향을 보인다. 결정적으로는 관람객의 반응과 참여가 작품에 반영되거나 심지어는 주도적인 역할을 한다는 것이 획기적이다.

비디오아트 시대에도 관람객의 영상이 전체 작품의 일부를 이룬 사례가 있었는데, 인터랙티브 아트 관람객은 이런 소극적 역할에 그치지 않는다. 관람객 선택에 따라 작품의 전체적 양상이 완전히 바뀌는 사례도 드물지 않다. 그리고 예술작품이 완성되어 주어지지 않고 상호작용 속에서 완성될 수 있도록 열린 미완성의 형태를 띤다는 특징도 있다. 이때 작가와 미디어 전문가들이 제시한 인터랙티브 미디어는 완성체가 아니라 하나의 틀로서 작용한다.

기술과 참여에 기반을 둔 복합적이고 가변적인 예술작품이 나오고, 이런 방식이 전통적인 예술 장르로 퍼져나가면서 이에 대한 저작권 문제가 제기되고 있다. 하지만 아직 정비된 체계가 없다고 보는 게 맞겠다. 현재는 전체 프로젝트를 이끄는 쪽에서 사전 계약을 통해 저작권 문제를 주도하는 방식이 일반적이다. 그렇지만 이로서는 한계가 있으며 사회적으로 공유되는 합리적 체계를 만들어내기 어렵다. 저작권법상의 정비와 관련 조치가 뒤따라야 할 것으로 보인다.

무엇보다 공동 저작권 개념의 폭넓은 적용이 필요하다. 작가 주도로 인터랙티브 미디어에 참여한 다양한 전문가에게 공동 저작권이 주어지는 것은 물론이고 적극적 방식으로 작품 완성에 참여하는 특정 혹은 불특정의 참여자들에게도 공동 저작권이 부여되어야 옳다. 참여도를 분석하고 보상 체계를 세우는 방식에 연구가 뒤따라야 할 것이다. 이때 공정 이용Fair use의 적용 범위에 대한 세밀한 검토와 사회적 논의 또한 요구된다.

현재 저작권은 완결되고 고정된 형태의 창작물에 부여되는 게 상식이다. 이것을 고정성Fixation 요건이라고 한다. 이는 가변적인 인터랙티브 미디어아트를 포괄하지 못하기에 새로운 각도의 연구가 필요한 시점이다.

예술 콘텐츠가 변하면 저작권도 이를 포용하여 발전하여야 한다. 혁신적 시대에 맞는 저작권의 변화를 기대한다.

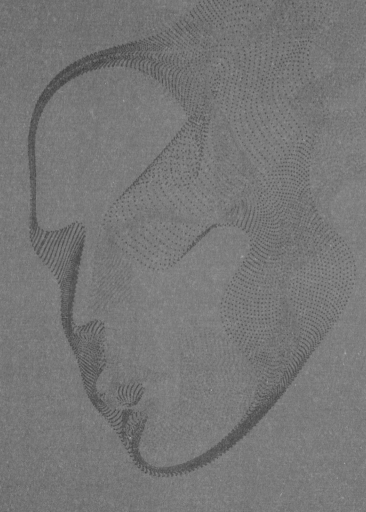

04
패션·트렌드·디자인

◇

INTELLECTUAL PROPERTY BUSINESS

◇

레트로와
키치

뉴욕 패션 업계에 복고Retro 열풍이 불어닥친 적이 있다. 1990년대에 유행했던 스타일의 옷과 신발, 액세서리가 거리를 가득 메웠다. 이런 경향은 단기간에 사라지지 않고 트렌드를 형성했다. 기성세대에게는 추억을, 그것을 경험하지 못한 세대에게는 독특함을 주기 때문이다. 한국에는 레트로 열풍이 더 심했다. 〈응답하라~〉 TV 시리즈가 인기를 끈 후 1980~1990년대풍의 음악, 디자인, 의류 등이 유행했다. 심지어 '~상회', '~당', '~다방' 등의 브랜드가 곳곳에 등장할 정도이다.

'키치Kitsch'도 최근의 패션과 디자인 경향을 표현하는 대표 명사가 되었다. 키치라는 단어의 어원에 대해서는 의견이 분분하지만, 불량품이나 폐품을 속여 판다는 독일어 'Kischen'에서 비롯되었다는 추측이 설득력 있다. 어원에서 알 수 있듯 유치하고 조잡하며 저속한 B급이라고 생각하면 된다. 키치는 주류 문화의 엘리트주의, 즉 지적이고 진지하며 고급스러움에 대항하는 하나의 예술 경향으로 자리 잡았다. 서민적 대중 정서로 똑똑한 척, 잘난 척, 있는 척, 점잖은 척하는 전통적 고급 예술과 디자인을 비꼬는 방식이 된 것이다.

레트로와 키치가 대중문화와 디자인, 상품 등에 자리를 잡은 이유는 소비의 주류로 등장한 밀레니얼 세대의 가치관에서 찾을 수 있다. 이들은 개성과 희소성, 다양성을 중요하게 여기며 남들과 비슷한 스타일보다 자기만의 독특한 스타일을 고집하는 경향이 강하다.

앞으로 비즈니스나 디자인에서 레트로와 키치 콘셉트를 적절히 잘 활용하면 기성세대와 젊은 세대를 함께 아우르며 신선한 매력을 선사할 수 있을 것이다. 단, 한 가지 주의해야 할 점이 있다. '지식재산권'이다. 레트로와 키치에서는 '모방'이 중요한 방법론이다. 레트로는 과거를 모방하고 키치는 주류를 왜곡하여 모방한다. 이때 지식재산권 침해 소지가 생길 가능성이 크다.

그런데 정작 레트로나 키치를 추구하는 사람은 이것을 의식하지 못한다. 레트로는 지식재산권 개념이 희박하던 과거의 것을 모방하고, 키치는 풍자적으로 비꼬는 것이기에 지식재산권에는 별문제 없으리라 여긴다. 하지만 현실은 그렇지 않다.

한국에서 한 디자이너가 1970년대풍 서체로 브랜드 로고 작업을 했다가 곤혹스럽게 되었다. 저작권 등록이 안 된 옛날 서체라 생각했는데 실제로는 복고풍의 2010년대 서체였다. 거의 대부분의 상품과 디자인이 상표와 특허 등록이 되어 있다. 옛날 것이나 보편적인 것이라 해서 예외는 아니다. 레트로든 키치든 모방의 구체적 대상이 있다면 반드시 지식재산권 이용 협의를 거쳐야 문제의 소지가 없다.

요즘은 최첨단 주류 문화에서 레트로와 키치를 모방하는 일이 잦다. 이때도 저작권 문제를 안일하게 대한다. 지식재산권을 적용하기에는 너무 오래되고 조잡하다고 속단하기 때문이다. 그래서 세계적 명품 회사가 값싼 제품을 하청 생산하는 업체로부터 소송을 당하는 일도 드물지 않다. 더 뛰어나고 현대적이어야만 지식재산권이 부여되는 것은 아니다. 오래되고 조악하더라도 독창성이 있고 그것을 밝힐 수 있다면 보호의 대상이다. 창작과 비즈니스에 레트로와 키치를 적용하려는 사람은 이 점을 항상 염두에 두기를 바란다.

뉴트로 속의
기회

서울의 한 식당에 갔을 때의 일이다. 옆 테이블의 20대 초반쯤 되는 청년이 "진로 한 병 주세요"라고 말했다. 순간적으로 의아했다. '진로라니, 없어진 지가 언젠데.' 하지만 식당 종업원은 군말 없이 진로를 가지고 왔다. 가만히 살펴보니 이름과 병 디자인은 옛날 모습인데, 최근에 출시된 신상품이었다.

이런 상품이나 문화를 '뉴트로Newtro'라 한다. 새로움New과 복고Retro를 합친 신조어이다. 굳이 번역하면 '새로운 복고' 정도다. 뉴트로는 단순한 복고와는 다르다. 진로를 예로 들면, 옛 진로를 그대로 다시 출시하면 복고이고 과거의 디자인과 맛의 일부를 유지하여 옛 느낌을 살리면서 알코올 도수 등을 현대적으로 바꾸어 내놓으면 뉴트로가 된다. 전통 양식을 그대로 재현한 한옥, 옛 스타일 그대로의 한복은 복고이고 전통 양식에 현대적 디자인을 가미한 한옥이나, 옛 느낌을 유지하면서 요즘 감각을 섞은 한복은 뉴트로이다.

뉴트로는 기성세대에게는 추억을 불러일으키는 복고적 성향으로 다가오지만, 젊은 세대에게는 경험해보지 못한 낯설고 새로운 것이다. 그래서 요즘 마케팅에서 자주 사용되며 성공 사례도 많다.

과거와 현재가 뒤섞인 뉴트로는 지식재산권상으로 예민한 문제를 불러일으킨다. 전통은 사회 전체가 지식재산권을 공유하지만, 여기에 새로운 창작이 가미된다면 그 권리를 보호해야 하기 때문이다. 예로 든 한옥이나 한복에서 심심치 않게 저작권 분쟁이 생기는 것은 이런 이유이다.

대개 뉴트로 창작물은 2차 저작물이다. 기존에 존재하던 1차 저작물을 변형 또는 재생산한 것이기 때문이다. 2차 저작물로서 인정받으려면 약간 다르게 베끼는 정도를 넘어서야 한다. 보통 사람의 눈으로 볼 때 분명한 차이점이 발견되는 독창성이 있어야 한다.

한국의 최고 인기 그룹 BTS가 2018년 12월에 자신의 곡 「IDOL」의 국악 버전을 발표해서 화제가 되었다. 신선한 시도였다. 시작 부분에 뒤편과 좌우에 각각 하나씩 북을 놓고 춤을 추는 '삼고무三鼓舞'도 인상적이었다. 그런데 이 부분이 저작권 논란을 불러일으켰다. 삼고무는 전통춤이지만 이매방 선생이 체계화했고 저작권을 승계

한 우봉이매방아트컴퍼니가 저작권 등록까지 해둔 상태였기 때문이다. 전통예술에서의 뉴트로라 할 수 있다. 이매방 선생이 만든 삼고무는 2차 저작물로서 보호를 받는다.

그렇다면 이 분쟁은 어떻게 해결될 것인가? 관건은 BTS가 빌려온 부분이 무엇이냐이다. 우봉이매방아트컴퍼니의 2차 저작권은 삼고무 전체에 해당하지 않는다. 창작성을 가미한 부분에서만 유효하다. 그 외의 영역은 전통으로 존재하는 사회적 자산이므로 저작권이 공유된다고 할 수 있다. BTS가 이매방 선생이 새롭게 창작한 영역을 가져왔다면 지금이라도 사용 허락을 받고 합당한 대가를 치르는 게 마땅하다. 그것이 아니라 전통 삼고무를 빌려왔다면 저작권과는 관련이 없다. 이것을 판단하는 게 이 저작권 논쟁의 핵심이 될 것이다.

전통이라 해서 반드시 저작권이 공유되지는 않는다. 우리가 전통이라고 알고 있는 것이 전통에 창작을 가미한 뉴트로일 수 있다. 옛것과 새것을 구별하는 안목을 발휘해야 한다.

명품,
저가품을 베끼다

패션 브랜드의 지식재산권 침해 케이스는 매우 흔하다. 흔히 '짝퉁'이라 불리는 가짜 상품은 상표법, 부정경쟁방지법, 저작권법, 퍼블리시티권 등 저작권 관련 법률들을 통째로 위반한다. 소비자를 속이는 사기죄에도 해당한다. 브랜드를 위장한 짝퉁은 아니지만, 다른 디자인을 허락 없이 모방해 제품을 출시하는 경우도 드물지 않다. 그런데 이런 사례들은 소규모 업체가 크고 유명한 업체의 지식재산권을 침해하는 게 대부분이었다.

그런데 최근에는 평범한 브랜드가 유명 브랜드로부터 지식재산권을 침해당했다는 소송을 제기하는 일이 드물지 않게 일어난다. 그중에서 프랑스의 럭셔리 패션 브랜드 발렌시아가의 케이스는 매우 흥미롭다. 발렌시아가는 베트멍의 수석 디자이너 뎀나 즈바살리아가 크리에이티브 디렉터를 맡은 이후 독특한 유행을 창조하며 숱한 화제를 뿌렸고 젊은 층을 중심으로 패션 시장에서 독보적인 자리매김을 하고 있다.

뎀나 즈바살리아는 스트리트 패션을 하이 패션의 영역으로 끌어올리는 데 탁월한 역량을 발휘했다. 이케아의 파란색 쇼핑백을 그대로 본뜬 수천 달러짜리 가방은 그의 기상천외한 디자인 세계를 잘 보여준다. 그런데 이러한 발렌시아가의 패션 디자인 경향은 지식 재산권 침해 시비를 불러일으킬 수밖에 없다. 거리의 유행과 대중의 일상을 상징하는 문화적 장치들을 가져올 때 기존 제품화된 디자인을 허락 없이 빌리기 때문이다.

발렌시아가는 평범한 나무 방향제 모양의 260달러짜리 열쇠고리를 출시했다. 그런데 이 열쇠고리는 카-프레쉬너코퍼레이션The Car-freshner Corporation의 자동차 액세서리와 거의 똑같다. 이 회사의 반발로 지식재산권법 위반으로 소송이 걸린 상태이다.

또 다른 지식재산권 침해 소송에도 휘말렸다. 뉴욕의 기념품 회사 시티 머천다이즈가 도시 상징물을 주된 콘셉트로 디자인하여 제작해 저가로 팔고 있는 가방과 식별하기 거의 어려운 정도로 비슷한 고가의 가방을 출시했기 때문이다. 발렌시아가의 두 케이스는 현재 뜨거운 관심을 받으며 진행 중이다.

발렌시아가와 뎀나 즈바살리아의 시도가 젊고 역동적이고 다양한 거리의 패션을 명품 영역으로 끌어들인 새롭고 창조적인 발상이라고 평가하는 우호적인 시선도 존재한다. 디자인을 침해당했다고 주장하는 패션 제품들은 대부분 디자인의 창조성이 빈약한 저가품이라 실질적인 피해가 없다고도 해석할 수 있다. 소송을 건 업체가 유명세를 얻고자 노이즈 마케팅을 펼치는 것이라 빈정대기도 한다.

하지만 그 반대의 목소리도 크다. 저가품이 고가품을 모방하는 게 지식재산권법 위반이라면 고가품이 저가품을 모방하는 것 역시 지식재산권 침해가 명백하다는 것이다. 또한 실력과 명성을 지닌 유명 브랜드 디자이너라면 이름 없는 누군가의 땀과 안목이 담긴 디자인을 마구 도용하고 거기에 패러디라는 이름을 붙일 수 있는 것인지에 대해 이의를 제기하고 있다.

발렌시아가 소송의 결과에 대해서도 지식재산권법 전문가마다 예측이 엇갈린다. 창조적 패러디로서 인정받을지, 손해배상을 해야 할지 안갯속이다. 하지만 이 케이스가 패션 디자인의 새로운 트렌드와 디자인 패러디에 대한 향방을 결정지을 것이라는 데는 의견이 일치하고 있다.

이케아 쇼핑백과 비슷한 발렌시아가의 가방. 패션 디자인의 모방과 지식재산권 침해 논쟁은
새로운 양상으로 접어들었다.

비슷한 옷이
왜 이렇게 많을까?

어떤 의류 디자인이 대중적 인기를 끌면 색상과 모양이 비슷한 옷이 거리에 넘쳐나곤 한다. 어떤 경우에는 오리지널 디자인이 무엇이었는 지조차 헛갈릴 정도다. 패션 분야에 디자인 카피가 유독 많은 이유 는 무엇일까? 지식재산권 적용이 느슨해서일까? 전혀 그렇지 않다. 패션 디자인은 지식재산권이 매우 엄격하게 적용되는 영역이다.

그런데도 패션 디자인 카피 제품이 기승을 부리는 이유는 유행 의 변화가 빠른 데서 찾을 수 있다. 보통 계절이 바뀔 때마다 새로 운 디자인이 나온다. 그런데 디자인 특허를 등록하여 보호를 받기 까지는 짧게는 수개월, 길면 수년이 걸린다. 이미 유행이 지난 후일 수도 있다. 빠른 호흡의 유행 디자인일 때는 침해를 적발하고 소송을 벌이는 것이 실익이 없는 경우가 많다.

의류 디자인 카피가 많은 또 다른 이유로는 지식재산권 침해가 세계 곳곳에서 소규모로 일어나 일일이 대응하기 어렵다는 점을 들 수 있다. 예를 들어 뉴욕이나 파리의 럭셔리 브랜드가 출시한 디자인을 멀리 아시아의 소규모 업체들이 베껴서 수십 벌씩만 제작하여 판매한다면 침해 사실을 일일이 적발하거나 사안마다 소송을 제기하기 어렵다. 침해를 발견하고 소송에서 이긴다 하더라도 보상받는 금액이 미미한 경우도 많다. 따라서 패션 디자인 침해 소송은 주로 대형 업체 간에 이루어진다. 주로 럭셔리 브랜드의 디자인을 대형 SPA 브랜드(자사의 기획 브랜드 상품을 직접 제조하여 유통까지 하는 전문 소매점)가 모방하는 일이 잦다.

LA의 작은 매장에서 출발해 세계 10권의 SPA 브랜드로 성장한 '포에버21'은 한국계 이민자의 성공 신화로 알려졌었다. 하지만 최근 파산 신청을 하며 쓸쓸하게 퇴장했다. 포에버21의 몰락에는 여러 이유가 있지만, 잦은 지식재산권 소송을 당한 게 중요하게 작용했다는 후문이다.

대표적인 케이스가 구찌의 배색 줄무늬 디자인 카피이다. 구찌는 파랑-빨강-파랑, 녹색-빨강-녹색의 줄무늬 패턴을 브랜드 정체성을 나타내는 중요한 디자인으로 사용해왔다. 그런데 포에버21이 이 배색 줄무늬를 자사 의류에 사용했고, 구찌는 이를 금지하고 피해 금액을 보상하라며 소송을 걸었다. 포에버21은 "구찌의 줄무늬는 일반적인 디자인 요소로 주인이 따로 있을 수 없다"며 항변했지만 결국 패소하고 말았다. 그 밖에도 여러 패션 회사로부터 수십 건의 지식재산권 침해 소송을 당했다. 수많은 소송에 따른 피해 보상과 법률 비용 지출이 포에버21을 더욱 위기로 몰아넣은 것이다.

지식재산권자의 대응이 다소 소극적이라고 해서 패션 디자인을 마구 베끼는 행위가 안전한 것은 아니다. 사업을 완전히 망칠 수도 있다. 패션 디자인의 지식재산권 보호 범위는 매우 촘촘하다. 구찌의 배색 줄무늬, 아디다스의 3선 줄무늬, 버버리의 체크무늬 등 언뜻 단순해 보이는 디자인도 특허로 등록되어 있기에 엄격하게 보호받는다. 실제로 한국의 LG패션은 닥스 브랜드에서 버버리의 체크무늬 디자인을 모방한 제품을 출시했다가 지식재산권 침해 소송을 당했고 결국 패소했다.

별것 아닌 것처럼 보이는 줄무늬와 도형, 색상 조합 등에도 주인이 따로 있을 수 있다. 의류 등을 디자인할 때는 이 점을 먼저 살펴야 할 것이다.

패스트 패션의
속사정

현대 사회의 속성 가운데 하나는 변화와 속도이다. 엄청나게 빠른 속도로 세상이 바뀐다. 대중의 취향과 유행도 숨 가쁘게 달라지고 있다. '패스트 패션Fast Fashion'이 등장하고 큰 시장을 형성한 것은 이런 변화에 대한 패션 산업 나름의 적응 방식이라 할 수 있다.

'SPASpecialty store retailer of Private label Apparel'라고도 불리는 패스트 패션은 의류 상품을 짧은 주기로 생산하여 세계 시장을 대상으로 대량 생산·판매하는 브랜드와 산업 전체를 말한다. 최신 유행을 반영한 제품들을 비교적 싼값에 내놓을 수 있다는 것이 이들의 강점이다. 자라, H&M, 갭, 유니클로 등이 대표적인 패스트 패션 브랜드이다.

패스트 패션 브랜드들은 생산과 판매를 짧은 주기로 반복하는 특징 때문에 사회적 비난을 받기도 한다. 대표적인 게 환경 문제이다. 유통 과정에서 주기가 끝난 제품을 버리는 일이 많고, 소비자들도 철이 지나면 패스트 패션 제품들을 많이 버린다. 이런 의류 폐기물이 환경 문제를 일으킨다.

패스트 패션 브랜드들은 지식재산권 분쟁도 자주 일으킨다. 시장 변화에 빨리 대응하면서도 비용 경제성을 실현해야 하기에 자체 디자인을 만들어내기보다 고급 브랜드 디자인을 모방하는 방식을 선호해온 것도 사실이다.

패스트 패션 브랜드의 모방 때문에 세계적인 패션쇼 런웨이의 모습이 변모하기도 했다. 보통 봄에는 가을과 겨울 상품, 가을에는 내년 봄 상품을 선보이는 게 전통적인 패션쇼 경향이었다. 그러나 패스트 패션이 빠른 속도로 시장에 접근하며, 디자인을 모방하자 신제품을 공개하면서 이를 곧바로 오프라인 매장과 온라인에서 판매하는 방식을 취하는 회사들이 생겼다. 버버리, 톰포드, 타미힐피거 등 글로벌 패션 브랜드들이 잇따라 '패션쇼 상품 즉시 판매 제도'를 도입하며 전통적 패션 유통 구조를 깨뜨렸다.

패스트 패션의 디자인 모방이 심각한 부작용을 낳는 결정적인 이유는 시장 강자인 대기업이 시장 약자인 중소·신진 디자이너의 성장을 가로막아 산업의 창의성을 해치기 때문이다.

패션 디자인의 모방 여부를 판단하는 과정과 절차는 비교적 복잡하다. 비용도 든다. 이것을 중소·신진 디자이너가 감당하기가 부담스럽다. 시즌마다 새 제품이 나오는데 일일이 디자인 등록을 하는 것도 어렵다. 그래서 디자인 침해 사실을 뻔히 알면서도 별다른 대처를 하지 못하는 경우도 있다.

하지만 패스트 패션 브랜드들이 모방이라는 쉬운 길에 계속 안주한다면 시장과 소비자의 외면을 받을 수밖에 없다. 한국인 부부가 미국에서 창업하여 급성장했던 패스트 패션 브랜드 포에버21은 디자인 카피로 수많은 지식재산권 소송에 시달렸다. 회사가 파산하는 데 이것이 치명적인 영향을 끼치기도 했다. 패션 분야도 점점 지식재산권 관행이 정교해지고 있다. 관련 소송도 증가하는 추세이다. 카피라는 손쉬운 방법은 결국 독약이 될 것이다.

이제 패스트 패션 브랜드가 변화해야 한다. 다른 브랜드를 모방하기보다는 자기 브랜드만의 정체성을 확립해야 한다. 그래야 소비자의 요구를 빠르게 충족시키는 강점을 유지하며 지속 가능한 발전을 할 수 있을 것이다.

시각 예술을 차용한
상업 디자인의 문제

'EV1 컬렉션'은 월마트가 야심 차게 내놓은 의류 브랜드이다. 미국에서 가장 사랑받는 코미디언이자 토크쇼 진행자인 엘렌 드제너러스와의 협업으로 화제를 일으켰고, 적극적인 마케팅으로 성공적으로 론칭했다.

그런데 'EV1 컬렉션'은 줄리안 리베라라는 스트리트 아티스트에 의해 지식재산권과 상표법 위반으로 피소되었다. 줄리안 리베라는 글자 love와 하트 모양을 선으로 연결한 독특한 드로잉을 자신의 트레이드 마크로 삼고 있는데 EV1 컬렉션의 상표가 이 드로잉을 침해했다는 것이 리베라의 주장이다.

월마트 측은 리베라의 드로잉이 창의성이 떨어지며 차용할 만큼 예술적 완성도가 높지 않다고 깎아내리면서 EV1 상표 디자인과 리베라의 드로잉 간에 뚜렷한 차이가 있다는 입장이다. 막 시작된 소송이 어떻게 전개될지 전문가들의 예측이 엇갈리는 상황이다.

줄리안 리베라의 소송 제기가 패션 업계와 지식재산권 전문가들의 관심을 끈 것은 유명세가 낮은 스트리트 아티스트가 거대 유통업체를 대상으로 지식재산권 침해를 주장한 독특한 케이스인 데다 엘렌 드제너러스라는 유명 방송인이 개입되었기 때문이다. 여기에 덧붙여 지식재산권 중 저작권 침해의 두 측면이 모두 관여되어 있어 매우 흥미롭다.

저작권은 두 가지 법률적 권리를 아우른다. 하나는 저작 재산권이고 다른 하나는 저작 인격권이다. 월마트가 리베라의 드로잉을 허락 없이 모방했다고 가정한다면, 이는 정당한 대가를 내지 않고 창작물을 도용한 것이다. 마땅히 지불해야 할 비용을 치르지 않았기에 저작 재산권 위반에 해당한다. 리베라가 승소하거나 합의를 본다면 저작권 사용료를 받을 수 있다.

그런데 리베라가 월마트에 분노한 지점은 이것만이 아니다. 그는 저작 인격권 침해를 호소하고 있다. 예술적 가치와 철학이 훼손되었다는 이야기이다. 리베라는 현대 사회의 획일적 대량 생산과 대량 판매 체계를 거부해왔다. 디자이너로서 개성 있는 한정 생산품, 중소기업이나 소규모 유통 채널을 선호했다. 그런데 대량 생산, 대량 유통의 상징과도 같은 월마트가 자신의 디자인을 사용한다면 그동안 지켜온 예술적 가치가 훼손된다는 것이다. 이 부분은 적절한 지식재산권 사용료를 책정하여 거래하는 차원의 문제가 아니기에 쉽게 풀기 어렵다.

쉽게 생각해보자. 민주당 열성 당원인 화가의 그림을 공화당의 광고 디자인에 무단으로 사용한다면 어떨까? 탈핵을 외치는 환경주의자 사진가의 사진이 원자력발전소의 홍보 책자에 수록되어 있다면 어떨까?

다양한 이념과 가치, 철학과 종교가 존재하는 현대 사회에서 누군가의 예술 작품을 무단으로 사용하는 것은 재산권 침해 행위로 끝나지 않는다. 그보다 더욱 근본적인 문제가 있다. 그 사람의 고유한 정신세계, 사고, 영혼을 해치는 치명적인 가해가 될 수도 있다.

예술가들의 창작물을 허락 없이 상업적으로 사용하는 일은 흔했다. 그중 일부가 드러났을 뿐이다. 그때 지금이라도 비용을 치르면 되지 않느냐는 태도가 일반적이었다. 그러나 앞으로 그런 태도가 더는 통하지 않을 것이다. 값을 매기기 어려운 예술적 가치와 철학, 신념을 존중하는 사회로 발전하기 때문이다. 이제 지식재산권의 '몸'뿐만 아니라 '영혼'을 함께 살펴야 할 것이다.

디자인이
비슷하다면…

미국 스마트폰 시장에서 점유율을 높여가던 삼성 갤럭시폰이 덜미를 잡힌 이유는 '디자인'이었다. 갤럭시 스마트폰이 아이폰 디자인을 모방했다는 소송에서 미국 법원은 애플의 손을 들어주었다. 이후 배상금 액수를 놓고 복잡한 소송이 진행되었지만, 삼성전자가 타격을 입은 것만은 분명하다. 이런 일은 글로벌 산업계나 광고, 디자인 업계에서 자주 일어난다. 지식재산권 관련 소송에서 자국 기업에 편파적인 판결을 내리는 것으로 알려진 중국 법원도 중국 기업이 파나소닉 미용기기 디자인을 모방했다는 소송에서 지식재산권 침해를 인정하고 손해배상을 선고한 일이 있었다. 이처럼 디자인은 비즈니스의 중요한 권리가 되고 있으며 국내 및 국제적으로 민감한 분쟁을 일으킨다. 특히, 미국에서는 디자인을 특허Design Patent의 한 분야로 보고 특허법으로 철저히 보호하고 있다.

현장에서 디자인 지식재산권 관련 소송을 진행하다 보면 난감한 케이스가 더러 있다. 디자인을 100% 베꼈다면 침해 사실이 분명하게 드러나지만, 대부분은 특정 부분이나 전체적인 분위기가 유사한 수준이다. 침해를 주장하는 쪽에서는 누가 보아도 거의 비슷하다며 목소리를 높이고 의혹을 받은 쪽은 자세히 살펴보아도 비슷한 부분이 적다고 항변한다. 이럴 때 법원은 지식재산권 침해를 어떻게 판단할까?

미국에서 디자인 특허 침해를 판단하는 중요한 기준은 '보통 사람의 눈썰미'이다. 보통 사람이 비슷하다고 느끼고 혼동을 일으킬 수 있는 수준이라면 침해라고 본다. 이를 위해서 진행하는 절차가 '일반인 관찰자 테스트Ordinary Observer Test'이다. 평균적인 구매자가 일상적인 주의력으로 두 디자인을 검토하게 한 후 유사성을 크게 느낀다면 디자인 특허를 침해했다고 인정한다.

과거에는 일반인 관찰자 테스트와 함께 신규성 테스트Point of Novelty Test를 병행하는 추세였다. 일반인 관찰자 테스트에서 두 디자인이 엇비슷하다고 느끼더라도 해당 디자인의 '독창적인 부분'에서 비슷함을 느끼는 부분이 약하면 지식재산권 침해를 인정하지 않는 경우도 많았다. 하지만 최근에는 이 비중이 크게 줄었다. 일반인 관찰자 테스트의 한 부분으로 참고하는 수준에 그친다.

미국 법원이 디자인 침해에 있어서 전문가보다 일반인의 관점을 크게 반영하는 것은 타당성이 있어 보인다. 그런데 이 기준은 국가마다 다르다. 세부 법률 기준에 따른 판사의 판단이나 전문가의 감식을 더 존중하는 나라도 많다. 일반인 테스트가 공정하고 합리적이며 신뢰성 있게 진행되어야 한다는 전제도 있다.

최근 스타벅스가 한국의 한 전통차 업체를 대상으로 상표 디자인이 비슷하다며 소송을 냈다. 이때 근거 자료로 제시한 것이 고객 511명을 대상으로 한 설문조사 결과였다. 35%가 두 상표가 혼동된다는 내용이었다. 아마도 미국 본사가 일반인 관찰자 테스트라는 법률 관행에서 착안한 것 같다. 하지만 한국 법원은 두 상표의 디자인이 서로 다르다고 판단했다. 증거로 제시한 설문조사의 문항, 방법 등이 객관적이지 못하다며 인정하지 않았다.

비슷한 디자인의 지식재산권 침해 여부를 가르는 기준은 '보편적 상식'으로 굳어지는 분위기다. 하지만 여기에는 신뢰할 만한 합리성이 있어야 한다.

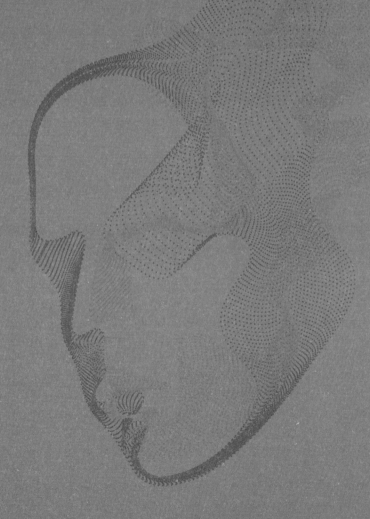

05
엔터테인먼트
비즈니스

INTELLECTUAL PROPERTY BUSINESS

엔터테인먼트는 법률이라는
자동차를 타고 달린다

한 가수가 있다. 그는 직접 곡을 만들고 가사를 쓰는 싱어 송 라이터이다. 그의 음악은 색다르다. 진부함이 없고 창조력이 넘친다. 독특한 음색과 열정적인 창법도 그를 더욱 빛나게 한다. 그는 탁월한 대중예술가로 꼽힌다. 그는 TV에는 잘 출연하지 않지만, 음원 판매와 콘서트 등에서 좋은 성과를 올린다. 그와 그의 음악을 흠모하는 팬들도 많다. 그는 오랜 무명의 설움과 고생 끝에 지금의 자리에 오를 수 있었다. 그런데 그는 여전히 가난하다. 예전과 다른 점은 더 바빠졌다는 사실뿐이다. 음원이 잘 판매되고 콘서트의 입장객이 늘어날수록 그의 수입도 늘어나지만, 그 폭은 제한적이다. 그가 열심히 활동하여 얻은 수입의 대부분은 그의 소속사 몫이다. 애초 전

속 계약이 잘못되었기 때문이다.

현재 소속사와 계약할 당시, 그는 자기 음악을 마음껏 추구할 수 있다면 돈은 큰 문제가 아니라고 말했다. 그는 실제로 그렇게 믿었다. 그리고 계약 세부 조항의 손익을 따지는 것은 예술가답지 않다고 여겼다. 그 결과 현재와 같은 일방적으로 불리한 계약 아래 놓이게 된 것이다.

그는 가끔 자괴감에 빠진다. 창작 의욕도 예전 같지 않다. 그리고 음악을 계속하는 게 옳을지를 고민하고 있다.

지금은 이런 경우가 흔하지 않지만, 과거에는 꽤 많았던 사례 중 하나이다. 예술적 영감이 넘치고 대중의 마음을 움직이는 엔터테인먼트 분야에서는 법률의 중요성을 자주 간과한다. 그리고 엔터테이너 개인이 규모가 큰 회사를 상대로 계약하기 때문에 힘의 균형이 잘 맞지 않는다. 무명 예술가라면 잠재력을 가졌더라도 불리한 계약을 하기 십상이다.

현대 자본주의 사회에서 예술적·문화적 창조와 돈이 별개로 존재하지 않는다. 정당한 수입이 주어질 때 예술가의 사기와 역량도 올라간다. 기회도 늘어난다. 이런 이점을 누리려면 법률에 관심을 가져야 한다. 하지만 엔터테인먼트 분야에서 법률의 역할은 부족한 부분이 많다.

엔터테인먼트법Entertainment law은 단일한 실체가 아니라 복합적인 영역이다. 저작권법, 공정거래법, 부정경쟁법, 통상법 등과 교집합을 이루며 존재한다. 다루는 분야도 영화, 공연, 음악, 게임, 전시 등 다양하다. 각 문화 사업의 권리 구조와 유통 방식이 제각기 독특하게 존재하며 쟁점도 다양하게 형성된다. 과거 엔터테인먼트 관련 소송은 무단 복제로 인한 저작권 위반, 연예인의 초상권, 명예훼손 정도였다. 하지만 지금은 계약부터 수익 분배, 복제와 배포, 유통, 2차 저작권, 초상권, 마케팅에서의 역할, 이벤트 진행 조건에 이르기까지 매우 세밀한 영역을 다룬다. 처음 접하는 사람들은 그 광범위하고 촘촘함에 놀라곤 한다.

예술은 이상적이고 창조적이며 화려하다. 그에 비하면 법률은 건조하고 쩨쩨하며 세속적인 것처럼 느껴진다. 그래서 법률을 검토하는 것을 피하기도 한다. 하지만 이런 발상은 잘못되었다. 매체가 복잡해진 현대 엔터테인먼트에서 법률은 창조력을 담아내는 그릇이다. 엔터테인먼트가 더 발전하려면 법률의 도움을 받아야 한다. 엔터테인먼트는 법률이라는 자동차를 타고 달리기 때문이다.

변호사가
꼭 필요한 현장

아이들에게 미래의 꿈을 물어보면 "아이돌 가수나 유튜버"라고 대답하는 경우가 뜻밖에 많다. 엔터테인먼트 시대의 사회상을 잘 드러내는 모습이라 생각한다. 그런데 엔터테인먼트는 인류의 역사와 함께해왔다. 고대인들은 축제를 열고 시와 음악, 춤, 관객과 공연자가 한데 어우러진 종합 엔터테인먼트를 즐겼다. 이것이 세분화해 고대 그리스 때부터 본격적인 연극 공연이 이루어졌다. 중국의 진나라, 한국의 삼국 시대에도 음악과 춤의 공연에 관한 역사적 기록이 등장한다. 고대나 중세 유적지를 여행할 때 빼놓을 수 없는 것이 극장이다. 이렇게 보면 엔터테인먼트는 인간 유전자 속에 각인된 본질인지도 모른다.

라디오, TV 등의 매체가 널리 보급되고 공연 기술이 발전하면서 엔터테인먼트는 주류 산업의 영역으로 들어왔다. 인터넷과 모바일을 주축으로 하는 정보통신 기술이 등장하면서 엔터테인먼트는 대중의 삶과 떼려야 뗄 수 없는 중요한 부분이 되었고 시장과 산업의 크기가 유례없이 커졌다. BTS의 세계적 열풍에서 볼 수 있듯 한 나라에 머물지 않고 전 지구를 시장으로 삼는 현대판 황금알을 낳는 거위가 된 것이다.

엔터테인먼트 산업의 비약적 발전 속도와 비교할 때 관련 법률의 대응은 더딘 편이라 할 수 있다. 역사적 맥락과 사회적 합의를 바탕으로 하는 현대 법률의 특성상 현란하게 바뀌는 엔터테인먼트와 보조를 맞추기 어렵다는 것은 이해할 만하다. 또한 다양한 장르로 분화되거나 때로는 통합되는 엔터테인먼트 산업을 단일한 법률로 아우르기 힘들다.

그래서 엔터테인먼트법의 울타리는 매우 넓어졌고 새로운 케이스와 이슈를 포괄하는 특징을 갖게 되었다. 엔터테인먼트와 관련한 가장 대표적인 법률 체계가 지식재산권법이다. 다양한 영역의 지식재산권, 저작권, 상표권, 라이선싱, 디자인, 특허 등을 다룬다. 비즈니스 법률도 빼놓을 수 없다. 저작자, 공연기획자, 실연자, 투자자 등 이해관계자 간의 권리와 의무를 다루는 계약법, 투자법 등이 이에 해당한다. 각 문화 산업은 독특한 권리 관계와 유통 경로를 갖기에 공정거래법, 부정경쟁법이 관여하게 된다. 또한 국경을 자유롭게 넘나들기에 통상법 등도 매우 중요해졌다.

때로는 형법이 엔터테인먼트를 통제하곤 한다. 국가나 시대에 따라 다르지만, 특정 이념과 사회 비판을 다루거나 음란성의 다툼이 있는 공연은 형사처벌의 대상이 되기도 한다. 게임 산업의 경우 폭력성이나 아이템 거래의 불법성 등에 대한 법률적 감시가 존재한다. 한국에서는 청소년 유해성 여부, 이용 시간 통제 등이 중요한 법률 문제로 떠올랐다.

이민법도 엔터테인먼트법의 한 갈래를 이룰 수 있다. 이에 대해 선뜻 동의하기 어려운 분도 계실 것이다. 그러나 구체적인 사례를 생각하면 쉽게 이해할 수 있을 것이다. 대형 뮤지컬의 해외 공연을 생각해보자. 수많은 출연진과 스태프가 준비와 공연을 위해 장시간 체류하며 여러 도시를 넘나드는 게 일반적이다. 이들의 출입국과 체류 등에 관한 법률적 실무가 등장할 수밖에 없다. 이처럼 엔터테인먼트야말로 현대 법률이 교차하는 매우 흥미로운 영역이 된다.

'방송 포맷'의
재산권

초대형 콘테스트 TV 프로그램인 〈아메리카 갓 탤런트America's Got Talent〉는 어느 나라 방송사가 판권을 소유하고 있을까? '아메리카'라는 이름과는 상관없이 영국의 'SYCOtv'가 소유주이다. 애초 이 회사가 영국 TV 방송을 염두에 두고 기획했는데 이런저런 이유로 성사되지 않자 미국 방송으로 방향을 선회한 것이다. 그 이후에 영국판인 〈브리튼스 갓 탤런트〉가 방영되었다.

시청자와 출연자 등에서 미국을 주 무대로 삼은 방송 프로그램의 소유권을 영국 회사가 행사하게 된 데는 복잡한 메커니즘이 작용하고 있다. 그리고 여기서 주목할 점이 하나 있다. 바로 '방송 포맷'의 중요성이다. 방송 포맷은 한마디로 방송의 '구성안'이다. 특히 세세한 스크립트가 없는 리얼리티 프로그램에서는 시리즈 각각의 에피소드에서 변함없이 유지되는 진행 규칙, 방법, 순서 등이 필요하다. 즉 해당 프로그램의 정체성을 드러내고 다른 프로그램과의 차별성을 이루는 본질적 핵심을 말한다. 〈갓 탤런트〉는 독특하고 매력적인 포맷을 갖추었기에 이를 바탕으로 미국 방송 시장에서 영향력을 행사할 수 있었던 것이다. 〈갓 탤런트〉는 한국에 포맷이 수출되어 〈코리아 갓 탤런트〉로 제작·방송되었고, 베트남과 몽골에서도 같은 이름과 형식의 방송이 인기를 끌었다.

그런데 이 방송 포맷이라는 게 모호한 점이 있다. 방송 프로그램은 출연진, 상황, 대사(멘트), 무대, 관객 등 구체적인 상황 속에서 이루어진다. 더욱이 구체적인 스크립트가 존재하지 않는다면 형식 그 자체로는 창의성이나 고유성이 없어 보인다. 지식재산권으로 보호할 수 있는지 의문이 생긴다. 즉, 방송 포맷은 실제적인 '표현'이 아니라 추상적인 '아이디어'에 가깝기에 지식재산권을 주장하기 어렵다는 해석이 나올 수 있다.

그러나 방송 포맷은 명백하게 지식재산권의 보호를 받는다. 현대 지식재산권에서는 해당 정보의 실제 표현뿐만 아니라 정보를 배열하는 규칙과 순서, 특징 등도 창의적 표현의 한 형태로 보기 때문이다. 따라서 다른 나라에서 보았던 방송과 비슷한 형식의 프로그램을 다시 접한다면 이것은 방송 포맷을 사서 제작한 것이라 유추

할 수 있다. NBC에서 방영한 리얼리티 여행 프로그램 〈Better Late Than Never〉는 한국의 CJ ENM으로부터 〈꽃보다 할배〉의 방송 포맷을 사들여 제작한 것이다.

방송 포맷 판매의 본격적인 출발은 퀴즈 쇼 〈누가 백만장자가 되고 싶은가?Who wants to be a millionaire?〉이다. 셀라도Celador라는 영국의 프로덕션이 제작한 이 프로그램의 포맷은 전 세계 100여 나라로 포맷 판권을 판매하며 거액의 추가 수입을 벌어들였다. 이후 영국 방송 제작사들은 방송 포맷 수출의 강자로 군림하기도 했다.

방송 포맷 수출은 단순히 무형의 구성안을 판매하는 데 그치지 않는다. 방송 제작에 관한 컨설팅, PD나 작가의 진출, 방송 및 무대 장비 수출, 외주 제작 등 다양한 부가 효과를 낳는다. 국가 간의 지식재산권 체계가 정립되지 않았을 때 방송 포맷 베끼기가 기승을 부린 적이 있었다. 하지만 현재 방송 포맷은 유력한 창작물이자 지식재산권 상품으로 발전하는 추세이다.

샘플링과
저작권 논란

2019년 그래미 어워즈에서 흑인 래퍼 켄드릭 라마가 8개 부문에 이름을 올려 최다 부문 후보가 된 것은 힙합이 대중에게 폭넓게 사랑받는 주류 장르로 굳건히 자리 잡았음을 잘 드러낸다. 힙합의 강세와 함께 샘플링Sampling이라는 기법이 떠오르고 있다. 기존 음반을 차용해서 이를 그대로 쓰거나 변용하여 새로운 음악 창작물을 만드는 방식이다. 힙합에서는 랩의 배경음악을 만들 때 샘플링을 활용했고 디지털화 추세에 맞추어 그 기법이 점점 다양하고 정교해지고 있다. 그런데 '기존 음반을 활용한다'는 점에서 샘플링은 원천적으로 저작권 문제를 안고 있다.

음악 창작의 측면에서 샘플링은 가능성과 위험성을 동시에 안고 있다. 기존 음악에서의 영감을 바탕으로 다양한 변형과 혼합, 디지털 기기 운용 등을 덧붙여 창작을 활성화시킬 수 있는 동시에 새로운 기법이라는 명분으로 다른 사람의 부당한 저작권 침해가 정당화될 수도 있다. 그래서 저작권법 케이스에서는 매우 민감하게 다루고 있는 사안이기도 하다.

대중음악 아티스트와 상담하면서 샘플링에 관한 이야기를 주고받은 적이 있다. 그런데 그는 샘플링의 자유를 꽤 폭넓게 받아들이고 있었다. 그리고 그 근거로 미국과 독일에서 진행되었던 판례, 즉 샘플링의 원곡 저작권 침해를 인정하지 않았던 케이스를 들었다. 하지만 그는 이들 케이스에 대해 오해하고 있었다.

가수 마돈나는 음반 「Vogue」를 만들 때 「Love Break」라는 곡에 호른 소리를 0.23초 샘플링했다. 원저작권자는 저작권 침해를 주장했지만, 법원은 이것을 인정하지 않았다. 음악을 감상하는 사람이 느낄 수 없을 정도의 미미한 사용이며 변형이 큰 새로운 창작물이라는 이유였다.

이보다 앞서 독일에서는 「Nur mir」라는 곡이 크라프트베르크 밴드의 「Metall auf Metall」를 샘플링한 것이 분쟁을 일으켰다. 약 2초 분량을 가져와 원래 리듬보다 5%가량 느리게 하여 랩 부분에 배치했다. 이 소송은 예술계에 큰 논란을 불러일으켰으며 헌법재판소까지 재판이 이어졌다. 최종 판결에서는 저작권 침해를 인정하지 않았다. "저작권 침해 정도가 약하고 힙합의 핵심 제작 기법인 샘플링을 금지하는 것은 예술의 자유에 대한 억압"이라고 판결했다.

이 두 케이스를 볼 때 음악 제작 기법으로서 샘플링에 대해 존중하는 것이 세계적 추세임을 알 수 있다. 하지만 이 두 곡의 저작권 침해 정도가 매우 약했다는 점을 염두에 두어야 한다. 차용한 시간도 각각 0.23초와 2초에 지나지 않고 일반적인 감상자의 입장에서 볼 때 원곡을 떠올릴 만한 유사성도 매우 약했다. 따라서 이들 케이스는 샘플링에 대한 전면적인 인정이 아니라 원곡과 차별화된 독창적 창작에서 부분적인 차용에 한해 저작권법상 인정을 받는다는 의미로 받아들이는 게 합리적일 것이다. 차용된 시간이 길고, 독창적이거나 핵심적인 부분에 의존하고 있다면 판결이 달라졌을 것이다.

샘플링은 현대 음악의 다양성을 자극하는 좋은 방법이다. 그렇다고 해서 원곡에 대한 저작권 침해 혐의로부터 자유로워진다고 생각하면 큰 오해이다. 상식적인 저작권의 틀 안에 있음에 주의해야 할 것이다.

유튜브 크리에이터의
성공 조건

2019년 여론조사기관 해리스폴이 레고의 의뢰를 받아 미국·영국·중국 어린이들에게 장래 희망을 물었다. 1위를 차지한 직업이 '유튜브 크리에이터'이다. 한국에서도 비슷한 조사를 했는데 유튜브 크리에이터가 의사를 제치고 3위에 올랐다.

유튜브는 꿈의 공간이다. 〈라이언스 월드Ryan's World〉라는 채널을 운영하는 8세 소년 라이언 카지는 2019년 한 해 동안 2,600만 달러를 벌어들였다. 여섯 살 소녀 보람이가 주인공인 〈보람튜브〉는 연간 200억 원 가까운 수입을 올리고 있는 것으로 추정된다. 거부까지는 아니더라도 자신이 좋아하는 분야의 영상 창작물을 만들어 전 세계에 배포함으로써 유명세를 누리고 수익을 올리는 일에 대해 큰 매력을 느끼는 것은 자연스러워 보인다.

물론 유튜브 크리에이터로 성공하는 길은 바늘귀처럼 좁다. 그런데 어렵게 성공 가도에 들어섰다 하더라도 발목을 잡는 큰 덫이 하나 있다. 바로 지식재산권이다. 유튜브는 영상 매체이기에 효과음향, 배경음악, 클립아트 이미지, 영상 소스, 모션 그래픽, 폰트 등 다양한 재료가 결합해서 만들어진다. 이들 중 지식재산권 침해가 발생하면 천신만고 끝에 이룬 성공이 한순간에 무너진다. 해당 영상이 삭제되기도 하고 심한 경우 채널 자체를 운영하지 못할 수도 있다.

유튜브는 수많은 영상을 다루기에 가능한 한 문제의 소지를 없애고자 한다. 그래서 혹독한 지식재산권 정책을 시행하고 있다. 지식재산권자 편에 기울어 있다고 보면 된다.

예를 들어 멋들어진 가창력으로 아름답게 노래를 불러 수많은 구독자를 모으고 수백만의 조회 수를 기록했다 하더라도 그 노래의 저작권자(작곡가, 작사가) 허락 없이는 한 푼의 수익을 거둘 수 없는 게 현실이다.

유튜브의 음악 저작권 정책을 보면, 저작권에서 자유로운 음악이 별도로 지정되어 있다. 그 외 모든 음악은 저작권 보호 대상이다. 저작권에 묶인 음악은 두 종류로 나뉘는데, 사용 허락은 하되 그 영상이 창출한 광고 수익을 저작권자가 가져가거나, 아예 사용 허락을 하지 않는 경우이다. 바꾸어 말하면 영상 게시가 제한되거나 영상 게시로 인한 수익을 올리지 못한다는 뜻이다. 음악 외의 다른 재료들도 마찬가지다.

무료로 공개된 재료나 유료로 구입한 재료를 사용했다고 해서 안심할 수는 없다. 계약 사항을 살펴보면 사용 범위가 나오는데, 여기에 포함되어야 한다. 지식재산권 문제 해결의 기본 원칙은 사전 허락과 계약이다. 이에 따라 수익 배분 등을 명확히 해두어야 한다.

모든 사안에서 저작권자를 찾아 계약하지 않아도 된다. 대개 저작권 관리 회사 등이 미리 설정된 지침과 조건에 따라 관리하고 있기 때문이다. 유튜브 '크리에이터 스튜디오'의 여러 라이브러리에서 무료로 사용할 수 있는 재료, 허락은 하되 저작권자가 수익을 가져가는 재료, 금지된 재료 등을 확인할 수 있다.

지나치게 엄격한 경향이 있는 유튜브 동영상 재료의 저작권 관행이 크리에이터의 이해관계를 반영하여 다소 합리적으로 완화될 것이라 기대한다. 하지만 현재는 매우 엄격하다. 엄청난 인기를 누리던 게임이나 음악 채널이 지식재산권 문제로 하루아침에 문을 닫기도 한다. 유튜브에서 성공하려는 이들의 첫 번째 계명은 '지식재산권에 예민하라'이다.

8세 소년 라이언 카지가 출연하는 유튜브 채널 〈라이언스 월드〉는 2019년 한 해 동안 2,600만 달러를 벌어들였다.

게임 방송
비즈니스

유튜브나 페이스북 라이브 같은 1인 방송이 큰 인기를 끌고 있다. 이런 콘텐츠 중에서 높은 비중을 차지하는 게 '게임 방송'이다. 방송 진행자가 직접 게임을 하는 장면을 생중계하는데, 여러 상황에 대응하며 자신의 감정이나 느낌을 재치있게 표현하고 때로는 게임 진행 요령을 설명하기도 하는 형식이다. 생방송이 끝나면 녹화한 동영상을 업로드한다. 게임 방송 시청자들은 스스로 게임을 할 때와는 다른 독특한 재미에 빠져든다. 꽤 많은 게임 방송 진행자들이 높은 수입을 올리는 '스타' 반열에 올라선 것을 보면 게임 방송이 인기 있는 영상 콘텐츠로 자리 잡은 것은 분명하다.

　게임 방송은 그 특성상 게임이 전개되는 화면과 음향 등 게임 콘텐츠가 중심인데, 게임 방송 진행자는 개발사나 현지 퍼블리셔에게 사용 허락을 받아야 할까? 원칙적으로 문서상(증거가 남는 방식) 허락을 받아야 한다. 그런데 실제 양상은 조금씩 다르다. 게임 회사는 기본적으로 자기 게임이 널리 알려지기를 바란다. 인기 있는 방송은 홍보에 도움이 될 가능성이 크기에 굳이 제약을 가할 필요가 없다. 하지만 어떤 게임은 방송을 통한 홍보의 필요성을 덜 느낀다. 그래서 게임 회사에 따라 게임 방송에 대한 다양한 정책이 존재한다.

어떤 게임 회사들은 별도의 승인 없이 누구나 게임 방송을 제작 송출할 수 있도록 전면 허용한다. 방송 제작을 지원하는 시스템을 갖춘 곳도 있다. 방송 시간, 게임 진행 방식, 기타 제약 조건 등 기준을 제시하고 이 틀 안에서의 게임 방송만 허락하는 곳도 있다. 라이브 방송은 안 되고 녹화한 방송만 승인하는 게임도 있으며 아예 게임 방송을 허락하지 않는 곳도 있다. 성인 게임의 경우는 게임 회사의 정책과는 상관없이 규제의 대상이 될 수 있다.

대부분 게임 회사의 웹사이트에는 게임 방송 지식재산권 허락에 관련된 사항을 자세히 정리하여 올려두었다. 이를 참고로 하면 게임 방송이 가능한지와 지켜야 할 점이 무엇인지를 알 수 있다. 그런데 게임 방송에 대한 뚜렷한 정책을 표명하지 않은 곳도 있다. 이때는 이메일 등을 통한 문서상의 허락을 받은 후에 게임 방송을 진행하는 게 좋다. 그렇지 않다면 손해배상을 하거나, 애써 제작한 동영상 파일을 폐기해야 하는 경우도 생긴다.

현실적으로 게임 회사는 홍보 목적으로 게임 방송에 대한 지식 재산권을 잠시 유보하는 엉거주춤한 입장이라 할 수 있다. 따라서 게임 회사의 이익이 침해당할 때는 지식재산권을 행사할 가능성이 크다. 유명 게임 방송 진행자가 사회적 물의를 일으켜 게임 이미지 가 동반 추락할 우려가 있을 때는 곧바로 해당 콘텐츠의 삭제를 요 청하기도 한다. 방송에서 해당 게임을 비난하는 등의 경우도 마찬 가지다. 정책상 방송을 전면적으로 허락했다 하더라도 이럴 때를 대비한 단서 조항을 마련해두는 게 일반적이다.

최근에는 광고나 후원 등으로 큰 수입을 올리는 게임 방송이 늘어 나면서 이에 대한 분배 문제가 이슈로 떠오르고 있다. 법률과 관행, 이해관계가 복잡하게 맞물린 사안이기에 획일적인 기준이 정착되지 는 않았다. 새로운 콘텐츠 시대를 맞아 정립해야 할 과제로 보인다.

모든 것이
게임으로 통한다

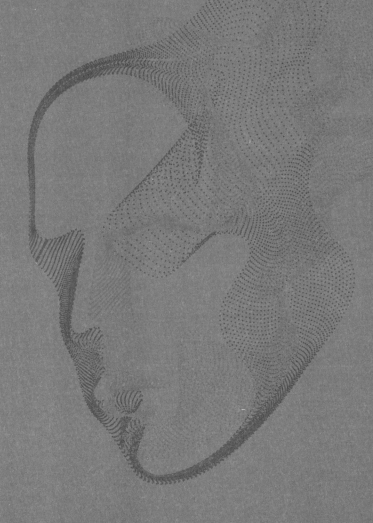

INTELLECTUAL PROPERTY BUSINESS

게임 산업
들여다보기

지식재산권은 예술과 지식, 기술 분야의 중요한 이슈이다. 그런데 이 영역에 속하지 않으면서 예민한 지식재산권 문제를 발생시키는 독특한 영역이 있다. 바로 '게임'이다. 게임은 예술이나 미디어로 분류되지는 않지만, 스토리와 캐릭터, 미술과 영상, 음향과 음성 등 수많은 창의적 요소를 포함하고 있는 종합 장르이기도 하다.

최근 게임 산업에서 지식재산권 분쟁이 자주 일어난다. 이런 현상은 더욱더 심해질 것으로 보인다. 게임은 시장이 전 세계에 분포되어 있고, 그 규모 또한 매우 크다. 성장세도 가파르다. 성공을 꿈꾸는 이들이 끊임없이 진입하고 있다. 그래서 경쟁이 매우 치열하다. 대중의 마음을 사로잡는 게임이 출시되면 곧바로 비슷한 아류 게임들이 나온다. 갖은 노력 끝에 어렵게 기회를 잡은 선두 주자들은 자신을 모방한 후발 주자들이 달가울 리 없다. 이때 분쟁과 법률적 소송이 일어나기 마련이다.

게임이 지니고 있는 종합적 성격 때문에도 지식재산권 분쟁이 자주 일어난다. 완성도 높은 게임 하나에는 블록버스터 영화를 뛰어넘는 자원이 투입된다. 게임은 엔지니어, 프로그래머, 컴퓨터 그래픽 디자이너 등 특정 직업의 전유물이 아니다. 작가, 화가, 성우 등은 물론이고 심리학자 등까지 투입된다. 이들은 게임의 완성에 각각 이바지한 부분이 있는데, 그 몫을 계산하기가 쉽지 않다. 특히, 이들이 고용된 직원이 아니라면 문제가 더욱 복잡해진다.

요즘 게임은 사실적인 생동감을 더하기 위해 실제 세계를 가상으로 옮기는 경향이 강하다. 대표적인 사례가 축구나 야구 같은 프로 스포츠 리그를 게임으로 구현하는 것이다. 이때 전·현직 슈퍼스타를 캐릭터로 도입하기도 하고 실제 경기장을 배경으로 사용하는 경우도 흔하다. 그러면서 퍼블리시티권 이슈가 불거지기도 한다. 이런 이유들로 인해 게임을 둘러싼 지식재산권 분쟁이 격화되고 있다. 최근 게임 산업의 플레이어들은 지식재산권 권리 의식이 높아졌고 법률적 수단을 동원하는 데에도 거리낌이 없기에 이런 경향은 더욱 강해지리라 전망한다.

그런데 판례를 보면 다른 창작 분야에 비해 게임의 지식재산권 보호가 약한 측면이 보인다. 게임의 가상 배경, 전개 스토리, 캐릭터, 운영 규칙 등을 '창작물'로 인정하기보다는 일종의 '아이디어'로 간주하는 판결이 많다. 미술적 표현이나 캐릭터 퍼블리시티권같이 명백한 경우만 지식재산권 침해로 인정해온 측면이 있다.

미국에서는 지난 수십 년간 비디오게임 지식재산권 침해를 둘러싼 수많은 법적 분쟁이 있었지만 피고의 손을 들어준 사례가 많았다. 한국, 일본 등에서도 비슷한 양상이다. 나는 이 부분이 개선되기를 바란다. 대가의 손을 거친 창작 예술과 문학 작품, 고도의 역량이 농축된 기술 등은 철저하게 보호되어야 함은 두말할 필요가 없다.

게임도 이와 마찬가지다. 지식재산권 보호에서 홀대를 받아서는 안 된다. 현대 사회에서 게임은 철없는 아이나 일부 마니아가 탐닉하는 마이너 장르가 아니다. 산업을 활성화시키고 다른 연관 분야로 침투하며 새로운 발상을 만들어내는 첨단 엔터테인먼트이다. 수많은 창작자가 열의를 가지고 매진할 수 있도록 지식재산권 보호의 법률 관행이 더욱 강화되기를 희망한다.

아이디어냐
표현이냐

게임은 현대 엔터테인먼트의 핵심이 되었다. 2018년 세계 게임 시장 규모는 1,350억 달러 내외로 추산된다. 극장 수입과 DVD, VOD 등 부가 수입을 모두 합한 세계 영화 시장 규모가 1,100억 달러 정도로 집계되는 것과 비교하면 게임이 차지하는 지위를 쉽게 짐작할 수 있다. 또한 연평균 10% 내외의 고성장을 하고 있다. 게임 시장 규모가 커지면서 국경을 넘어선 경쟁이 치열해졌고 이와 관련된 지식재산권 분쟁도 잦아지는 추세다.

매체로서 게임은 매우 독특하다. 회화, 영상, 음향과 음악, 스토리 등 복합적인 요소를 포함하는 종합 장르이며 사용자마다 구현 행태가 달라지는 특징이 있다. 그래서 지식재산권 분쟁도 미묘하고 복잡한 양상을 보인다. 그렇다면 게임의 수많은 요소 중 지식재산권으로 보호받는 것과 보호받지 못하는 것은 무엇일까?

게임 산업 초창기에는 게임에는 지식재산권의 필수 요소인 고정성Fixation이 없기에 지식재산권 보호의 대상이 아니라는 주장이 제기되기도 했다. 저작물은 변하지 않는 표현 형태를 갖추고 있어야 하는데 게임은 사용자와의 상호작용에 따라서 다른 표현 결과가 나오기에 저작물이 아니라는 것이다. 이 주장은 각국 법원의 판례에 의해 부정되었다. 이용자와 상황에 따라 표현이 달라지기는 하지만 고정성의 범위 안에서의 변화라고 보았기 때문이다.

게임에서 지식재산권 보호의 대상을 가를 때는 '아이디어냐 표현이냐'가 중요한 기준이 된다. 잘라 말하면 아이디어 자체로는 보호받지 못하고 이것이 창작물로 표현되었을 때만 지식재산권의 보호를 받는다. 첨단 기술은 특허로, 게임의 명칭은 상표권으로, 이미지와 영상, 음악 등은 고유한 저작물로 보호를 받을 수 있다. 하지만 게임의 콘셉트, 배경, 운영 규칙, 캐릭터의 속성과 역할 등은 저작물로 인정되지 못하는 경우가 많다.

예를 들어 어린 마법사가 정글에서 동물들을 굴복시켜 자기 수하로 만들고 점수로 표현된 힘을 키워 악마를 물리치는 방식의 게임이 있다고 하자. 이때 이 게임을 위해 창작된 이미지, 영상, 음악과 음향 등은 분명한 저작물이다. 그런데 어린 마법사라는 캐릭터 설정, 동물을 자기편으로 만들며 점수를 따는 방식, 강력한 적과 맞서는 구조 등은 아이디어의 영역으로서 보호받지 못하는 경우가 많다. 비슷한 방식으로 전개되는 게임이 등장하더라도 지식재산권 침해가 인정되지 않을 가능성이 크다. 물론 게임 안에 매우 독창적이며 정교한 스토리 체계를 갖추고 있다면 상황이 달라진다. 스토리는 표현된 창작물이기 때문이다.

미국 텍사스 남부 법원에서 〈Legends of the Three Kingdoms〉라는 게임이 〈Bang!〉의 보호받아야 할 독창적인 부분을 침해했는지를 다투는 재판이 진행되었었다. 이때 문제가 된 것이 게임 캐릭터의 '역할'과 '상호작용'이 비슷하다는 점이었다. 법원은 캐릭터의 역할이나 상호작용 방식은 표현된 창작물로 보기 어렵다고 판결하면서 피고의 손을 들어주었다. 이 역시 아이디와 표현을 구분하는 지식재산권 원칙에 따른 것이다.

게임에서 강력한 지식재산권을 확보하려면 아이디어를 표현으로 정교하게 구체화하는 것이 관건이다.

월드컵 스타들의
또 다른 리그

축구는 전 세계인이 열광하는 스포츠다. 축구를 즐기는 사람들은 경기마다 펼쳐지는 멋진 플레이와 뜻밖의 결과들을 보며 열광에 빠져든다. 특히, 명문 리그에서 뛰는 스타 선수들을 한꺼번에 볼 수 있는 게 큰 즐거움이라고 한다. 수천만 달러의 연봉을 받는 월드 스타들은 동작 하나하나로 거액을 벌어들이는 셈이다.

그런데 이들 스타는 자기가 속한 리그나 국가 대항전 외에 다른 세계에서도 경기를 펼친다. 바로 온라인 게임이다. 〈사커 매니저 Soccer Manager〉나 〈피파 온라인FIFA Online〉 같은 게임에는 자기 나름으로 축구를 즐기는 수많은 팬이 존재한다. 여기서는 전·현직 선수는 물론 코치진까지 게임 캐릭터로 만들어져 가상의 구단을 편성하고 게임 이용자의 운영에 따라 경기를 펼친다.

물론 이들 선수나 코치는 경기에 직접 참여하지도 않으며 심지어는 경기 결과에 신경조차 쓰지 않는다. 하지만 이들은 이 독특한 리그에 소속되어 활약함으로써 또 다른 수입을 거둔다. 선수의 이름이나 외모, 성격, 플레이 특징 등을 활용한 게임 캐릭터가 퍼블리시티권Right of publicity 대상이 되어 이에 따른 돈을 받는 것이다.

이때 게임 캐릭터의 이름이나 외모가 실제 선수와 똑같지 않더라도 캐릭터에서 그 선수를 유추할 수 있다면 퍼블리시티권 대상이 된다. 실제로 네덜란드의 전 축구 선수인 에드가 다비즈가 〈리그 오브 레전드〉라는 게임에 등장하는 캐릭터가 자신과 유사하다며 소송을 내어 승소 판결을 받아낸 바 있다.

월드컵 축구 스타들은 그 유명세를 기반으로 이름값, 얼굴값을 톡톡히 받아낸다. 이들이 쉬고 있는 동안에도, 시즌이 끝난 뒤에도, 심지어 은퇴한 후에도 온라인 게임이라는 가상의 리그에서 활약하면서 퍼블리시티권이라는 이름의 연봉을 받게 된다.

그런데 스포츠 스타의 이름이 등장하는 모든 온라인 게임이 퍼블리시티권에 대한 비용을 치르는 것은 아니다. '판타지 스포츠 게임'이라는 독특한 형태가 있다. 특정 리그에서 실제 활약하는 선수들을 추려 가상의 구단을 편성한 후, 이 선수들의 실제 경기 기록으로 사용자 간 경쟁을 펼치는 방식이다. 이런 형태에는 퍼블리시티권이 발생하지 않는다는 판결이 나왔다.

판결의 요지는 각 선수의 정보가, 게임 사용자가 운용하는 캐릭터로서 활용되지 않고 경기 기록을 예측하여 사용자끼리 경쟁하는 게임의 부수적인 형태로 사용되었기에 퍼블리시티권이 형성되지 않는다는 것이다. 실제 판례에서 CBC라는 게임 회사가 메이저리그 현역 선수들의 이름과 경기 기록을 활용한 온라인 게임을 운용하다가 소송을 당한 적이 있다. 법원은 CBC가 퍼블리시티권을 침범하지 않았다고 보았다. 경기 결과나 선수 개인의 성적을 맞추는 방식의 게임을 하려면 선수 이름과 기록이 들어가는 것은 당연하고 게임 이용자가 선수 캐릭터를 운용하며 즐기는 것도 아니기에 이런 방식에까지 퍼블리시티권을 적용할 수 없다는 취지이다.

이 판결은 매우 흥미롭다. 그리고 그 교훈이 유머스럽게 표현되기도 했다. "스포츠 스타는 비록 온라인에서라도 경기에서 뛰어야 돈을 번다."

2차 저작물로서의
게임

〈더 위쳐The Witcher〉라는 세계적인 인기 게임 시리즈가 있다. 특이하게도 게임의 불모지나 다름없는 폴란드에서 만들어졌는데 국민 사이에서는 국가적 자부심을 불러일으키고 있다. 이 게임은 폴란드 안제이 사프콥스키가 쓴 같은 이름의 판타지 소설을 원작으로 삼아 제작되었다. 작가의 독특한 세계관, 캐릭터, 그리고 폴란드와 동유럽의 전설을 모티브로 한 독특한 설정 등이 게임의 흥행에 크게 기여한 것으로 보인다.

게임이 선풍적 인기를 끌면서 원저작자와 게임 회사 간에 지식재산권 분쟁이 일어났다. 게임사 CD프로젝트CD Projekt는 사프콥스키에게 원작료 9,500달러를 주고 지식재산권 계약을 체결했다. 그런데 원작자가 갑자기 이 계약에 문제가 있다면서 1,600만 달러를 추가로 요구하고 나선 것이다. 사프콥스키의 주장은 2가지이다. 첫 번째는 표준 지식재산권 계약은 5~15%의 저작권료가 규정되어 있는데 자신의 저작권료는 여기에 비추어 너무 낮다는 것이다. 두 번째는 CD프로젝트와의 계약은 시리즈 1에 해당하는 것이며 후속 시리즈에 대한 원작 지식재산권 계약은 별도로 체결해야 한다는 것이다.

CD프로젝트와 사프콥스키 간의 법적 분쟁이 어떻게 전개될지는 기존 계약이 얼마나 구체적으로 세부 사항을 규정하는지에 달려 있다. 그 추이를 지켜보는 게 좋겠다. 그런데 이 분쟁이 타협에 이르지 못하면 어떻게 될까? 이 게임이 사라질까? 그럴 가능성은 작다. 유효한 계약이 이미 존재하고 있는 데다 〈더 위쳐〉 게임 시리즈가 2차 저작물로서 독자적인 권리를 갖기 때문이다.

〈더 위쳐〉 게임 시리즈는 원작 소설에 의존하고 있기에 전적으로 독창적인 창작물이라고 할 수는 없다. 하지만 게임으로서의 창작 과정을 거친 만들어진 별도의 저작물이기에 독자적 저작권을 부여받는다. 이를 2차 저작물이라고 한다. 저작권법은 원저작물을 여러 형태로 가공하여 작성한 창작물을 독자적 저작물로 보호하고 있다.

만약 어떤 영화사가 〈더 위쳐〉 게임 시리즈의 영상, 음향 등 시각적 요소를 중요하게 여겨 소설 〈더 위쳐〉가 아닌 〈더 위쳐〉 게임 시리즈를 원작으로 하고 스토리가 반영된 영화를 제작하고 싶다면 누구와 계약을 해야 하는가? 사전에 정한 바가 없으면 원작자 사프콥스키와 2차 저작권자 CD프로젝트 둘 다와 계약해야 한다. 〈더 위쳐〉 게임이 별도의 2차 저작권을 행사하지만, 원작의 저작권이 여전히 그 속에 있기 때문이다. 만약 이 계약이 성사되어 영화가 만들어지면 이 영화는 2차 저작권을 행사할 수 있을까? 할 수 있다. 영화도 원작을 가공하여 창조된 별도의 저작물로 2차 저작권을 부여받는다. 다만 이때 원작자가 둘이 된다.

〈더 위쳐〉 게임 시리즈를 둘러싼 원작자와 게임 회사의 갈등은 협상으로 중재될 가능성이 커 보인다. 법적으로는 CD프로젝트가 우위에 있다. 하지만 분쟁이 길어지면 기업 이미지 실추와 주가 하락 등의 부작용이 뒤따를 수도 있다. 원작자의 공이 있는 만큼 적절히 예우하는 게 손해라고는 할 수 없다. 원작자 역시 기존 계약을 뒤엎자고 계속 주장할 명분이 약하다. 여론의 부담도 느끼는 만큼 적절한 타협이 이루어지리라 예측한다.

세계 엔터테인먼트 시장의
유망주

세계 엔터테인먼트 시장에서 떠오르는 분야를 꼽으라면 e스포츠를 들 수 있다. e스포츠는 한마디로 '사람 간에 온라인 게임을 치르며 승자를 가리는 대회'이다. 온라인 게임을 정규 스포츠처럼 만든 것이다.

e스포츠의 기반이 되는 글로벌 온라인 게임 시장은 가파른 성장세를 유지하고 있다. 2018년 시장 규모는 1,350억 달러 내외로 추정된다. 이와 더불어 e스포츠 시장도 성장을 거듭하고 있다. 세계 e스포츠 시장 규모는 16억 5,000만 달러 정도이며, 매년 50% 내외의 고성장세를 유지하고 있다. 기업 스폰서와 광고가 가장 큰 수익원이다. 한국은 e스포츠의 종주국으로 불리는데 최근에는 시장 주도

권이 미국과 중국으로 이동하면서 시장 규모가 더 커지고 있다.

온라인 게임 대회에 굳이 '스포츠'라는 용어를 붙이는 것은 대회 운영이 각종 프로 스포츠 리그와 비슷한 모습을 보이기 때문이다. e스포츠는 프로 야구나 프로 농구 리그처럼, 선수와 코칭 스태프를 고용하여 구단을 운영한다. 시즌을 만들어 정기적인 대회를 주최한다. 기업의 후원을 유치하며 광고를 판매한다. 경기 방송 중계권을 판매하는 것도 프로 스포츠와 닮았다.

현재 〈오버워치〉와 〈리그 오브 레전드LoL〉를 중심으로 〈카운터 스트라이크〉, 〈서든어택〉, 〈스페셜포스〉, 〈피파 온라인〉, 〈카트라이더〉, 〈도타〉, 〈스타크래프트〉, 〈매든 NFL〉, 〈NBA 2K〉 등의 프랜차이즈 리그화가 진행 중이다. 여기에 전통 스포츠 리그나 구단들의 참여가 적극적이다.

〈리그 오브 레전드〉의 경우, 중국 LoL 프로 리그, 북미 LoL 챔피언십 시리즈, 유럽의 LoL 유러피언 챔피언십LEC이 활발히 진행되고 있다. 월 이용자는 1억 명이 넘고 글로벌 e스포츠 팬 규모는 5억 명 수준으로 짐작된다. 2016년 LOL 월드챔피언십 결승전의 시청자 수는 4,300만 명이었는데, 2016년 미국 MLB 7차전 시청자 수보다 더 많다. e스포츠 영상 조회 수는 연간으로 중국에서 수백억 회, 미국에서 수십억 회를 기록하고 있다. 선수 평균 연봉도 야구나 축구, 농구, 배구보다 결코 낮지 않다.

e스포츠는 글로벌 브랜드들의 마케팅이 집중되는 엔터테인먼트의 중심으로 자리 잡고 있다. 아마존, 인텔, 디즈니, 벤츠, 코카콜라, 삼성, CJ, SK텔레콤 등의 기업이 스폰서로 참여 중이다. 또한 아시안 게임 정식 종목화 등으로 외연이 더 커질 전망이다. 앞으로 e스포츠의 성장세에 주목하면서 관련 투자 기회를 모색하는 것이 바람직해 보인다.

e스포츠의 발전을 위해서는 사회적 관행과 법률적 정비가 필요하다. 전통적 스포츠와 스포츠 리그는 오랜 역사를 거치며 전통과 관행을 세워왔으며 법률적 장치를 세부적으로 마련하고 있다. 후원의 틀도 튼튼하게 세워져 있다. 하지만 e스포츠는 역사가 짧기에 법률적 정비가 아직 허술한 편이다. 관련 협회, 대회 규정, 포상, 관람, 방송, 광고, 지식재산권 등에서 세세한 입법이 진행되어야 할 것이다. 이러한 법률적 뒷받침과 함께 사회적 후원이 뒤따른다면 e스포츠는 온라인 게임이라는 독특한 특성을 배경으로 국경을 뛰어넘는 거대한 엔터테인먼트로 급속 성장하리라 예상한다.

e스포츠는 세계 엔터테인먼트 시장에서 떠오르는 유망주이다.

스포츠와
비즈니스 사이

2018년 자카르타-팔렘방 아시안 게임에서는 특이한 시범 종목이
열려 대중의 눈길을 끌었다. 시범 종목이기에 메달 집계가 되지 않
았고, 한국의 우승자에게는 병역 혜택도 주어지지 않았다. 그래도
수많은 젊은이가 이 종목에 주목했고 경기마다 열광적인 응원을
보냈다.

이 종목은 e스포츠이다. 〈리그 오브 레전드〉(라이엇게임즈), 〈클래
시 로얄〉(슈퍼셀) 〈하스스톤〉(블리자드), 〈스타크래프트〉(블리자드),
〈아레나 오브 발러〉(텐센트), 〈프로 에볼루션 사커〉(위닝 일레븐) 게
임이 국제 스포츠 대회의 한 종목으로 등장한 역사적 사건이 일어
났다. 그리고 2022년 항저우 아시안 게임부터는 정식 종목이 될 것

이고 곧이어 올림픽 종목에도 들어갈 것이라는 장밋빛 예측이 퍼져나갔다.

2019년 4월 9일, 2022년 항저우 아시안 게임 정식 종목 37개가 발표되었다. 정식 종목으로 채택될 것으로 기대되었던 e스포츠는 여기에 포함되지 않았다. 물론 1차 발표이기 때문에 이후 추가적으로 정식 종목으로 채택될 가능성은 남아 있다. 하지만 이것이 낙관적이지만은 않다. e스포츠가 국제 스포츠 대회가 갖추어야 할 기본 규칙을 충족시키지 못한다는 한계가 있기 때문이다.

특정 스포츠 종목이 국제 스포츠 대회의 정식 종목이 되려면 기본적으로 공인된 단일 연맹이 있어야 한다. 국제축구연맹FIFA 같은 조직이 있어야 한다는 뜻이다. 하지만 e스포츠에는 공인된 국제연맹이 존재하지 않는다. 국제e스포츠연맹IeSF, 아시아e스포츠연맹AeSF 등이 독자 노선을 걷고 있는 형국이다. 국제 연맹 간 교통정리가 필요한 상황이다.

이보다 더 근본적인 문제도 있다. e스포츠가 본질적으로 스포츠에 속하지 않는다는 논리가 힘을 얻고 있다. 세계적 스포츠라고 인정받는 모든 종목은 공유재이다. 그 종목을 소유한 사람이 없기에 누구나 참여하고 즐길 수 있는 범용성이 있다. 그런데 e스포츠의 세부 종목인 게임들은 모두 사유재이다. 자카르타-팔렘방 아시안 게임의 e스포츠 종목들 역시 게임 회사의 상품들이었다. 그래서 대회에 특정 회사의 이해관계가 작용한다. 소유자가 명백히 존재하는 게임이 아마추어 정신을 밑바탕으로 삼은 아시안 게임이나 올림픽의 정식 종목이 되기 힘든 이유다.

게임이 지닌 폭력성도 문제가 된다. 게임에는 총기를 비롯한 전쟁 무기가 자주 등장하며 캐릭터들끼리 죽이는 방식이 많다. 물론 격투기나 펜싱 등의 스포츠 종목도 있지만, 이들은 폭력성을 문명화한 형태이다. 폭력을 직접 드러내는 게임과 비교하기 어렵다.

그래서 조심스럽게 예측하건대, e스포츠가 아시안 게임이나 올림픽 정식 종목으로 채택되기까지 좀 더 시간이 필요할 것이다. 게임 비즈니스와 국제 스포츠 대회 양쪽의 규칙, 관행, 사고방식에서 변화가 일어나야 하기 때문이다.

그렇지만 e스포츠는 이미 대중적인 스포츠 종목으로 자리 잡았다. 그리고 더욱 발전할 것이다. 이미 세계 스포츠 대회는 상업성이 극대화되는 추세이다. 월드컵과 올림픽은 비즈니스의 결정체이다. 그 자체로 비즈니스적 성격이 강한 e스포츠가 이 경향과 결합할 것이다. 말하자면 결국 e스포츠는 국제 스포츠 대회의 상업화를 상징하는 종목으로 자리를 잡게 될 것이다.

e스포츠의
쟁점들

e스포츠에는 다층의 지식재산권이 발생한다. 그 기본은 게임 자체의 지식재산권이다. 대체로 게임 개발 업체들이 완성된 게임의 지식재산권을 가지고 있다. 이들은 원작, 스토리, 캐릭터, 미술, 동영상, 음악, 음향 등의 지식재산권을 사들이거나 자체 개발하는 방식으로 게임 지식재산권을 보유하고 있다.

그런데 e스포츠 업체가 게임 대회를 연다면, 방송을 통한 중계를 하기 마련이다. e스포츠는 다른 스포츠 경기와는 달리 관객이 영상을 통해서 경기 장면을 보아야 한다. 관객이 직접 e스포츠가 열리는 경기장에 가더라도 마찬가지다. 선수들이 플레이하는 모습은 의미가 없다. 그 플레이가 벌어지는 장면을 대형 스크린 등을 통해 보는 것이 e스포츠의 진수다.

이때 e스포츠의 구체적인 경기 장면은 게임이라는 저작물을 이용한 2차 저작물이 된다. 반드시 게임이라는 1차 저작물을 바탕으로 해야 한다. 이런 구조에서는 e스포츠 대회를 주관하는 곳에서 게임 개발사에 지식재산권 이용료를 내는 게 원칙이다.

그런데 e스포츠 초창기에는 지식재산권 개념이 별로 없었다. 지식재산권 문제가 불거지지도 않았다. 게임 개발 업체 입장에서는 자신들의 게임을 이용한 대회가 열리고 방송이 되는 것이 게임을 알리는 데 유리했기 때문이다. 법률적으로는 지식재산권이 침해되더라도 게임 마케팅을 위해서 암묵적으로 넘어가곤 했다. 그래서 각국의 e스포츠 대회가 지식재산권 이용료를 치르지 않고 열리기도 했다. 저작권료가 오가더라도 액수가 많지 않았다.

그러나 e스포츠의 종목이 되는 게임들의 세계적 인기가 커졌다. e스포츠 대회를 통한 마케팅 효과가 크게 필요하지 않게 된 것이다. 그리고 e스포츠 산업의 규모가 성장했다. e스포츠 리그를 주관하는 기업이나 단체는 중계권, 기업 후원, 광고 등으로 수익을 올리기 시작했다. 그러면서 게임 업체는 각종 e스포츠 리그에 대한 지식재산권 판매를 수익 모델 중 하나로 간주하게 되었다.

지금까지 지식재산권 이용료를 치르지 않거나 적은 금액만 내고 e스포츠 대회를 개최하던 기업과 단체는 새로운 문제에 부닥치게 되었다. 그 결과 e스포츠 대회를 둘러싼 각종 국제적 소송이 벌어지게 되었다.

대표적인 사례가 〈스타크래프트〉의 지식재산권을 보유한 블리자드엔터테인먼트와 한국e스포츠협회KeSPA와의 소송이다. KeSPA는 각종 게임 대회를 주관하며 몸집을 키웠고 독점력을 행사했지만, 지식재산권 조율에는 크게 신경을 쓰지 않았다. 하지만 법률적으로 따질 때 블리자드의 허락 없이 KeSPA는 〈스타크래프트〉 리그를 열어 그것을 방송할 수는 없었다.

블리자드는 KeSPA에 제법 큰 금액의 지식재산권료와 함께 기업 후원 금액 일부, VOD 등 서브 라이선스 비용 등을 요구했지만, 그것이 받아들여지지 않았다. 결국 협상을 중단하고 법정 소송으로 가는 진통을 겪었다. 그리고 이 사건의 여파가 한국의 e스포츠 발전에 큰 저해 요인이 되었다.

e스포츠는 다른 종목과는 달리 방송 없이 존재할 수 없다. 이 때문에 대회 주관 단체보다는 게임 개발 업체에 1차 지식재산권이 부여되는 독특한 성격을 갖는다. 지식재산권 문제 해결이라는 안정적인 뒷받침 없이 e스포츠는 발전할 수 없다. 새로운 접근과 관행이 필요한 때이다.

07

아트 비즈니스의
새로운 전개

INTELLECTUAL PROPERTY BUSINESS

예술, 비즈니스와
법률을 만나다

나는 두 차례의 대형 전시를 진행한 경험이 있다. 2016년 7월부터 10월까지 예화랑이 기획한 〈백남준 쇼〉의 법률 고문을 맡았었고, 2018년 초에는 평창동계올림픽 문화ICT관 센터장으로서 전시 전반을 이끌었다. 이때 몇몇 분들로부터 이런 질문을 받았다. "왜 변호사가 이런 업무를 하게 되었나요?" 문화예술 전시는 현장 예술가나 전시 감독의 고유 영역이라고 여기는 게 일반적이어서 이런 질문이 나오는 것은 자연스럽다. 또한 자유롭고 창의적인 예술 영역과 딱딱한 법률은 잘 조화가 되지 않는다고 느낄 수도 있다.

하지만 예술 전시, 특히 국경을 뛰어넘는 차원의 전시에는 법률적 요소가 결정적일 때가 많다. 회화, 조각, 건축 등 미술 작품은 독특한 저작권과 소유권 구조를 지닌다. 창작 그 자체의 저작권은 작가가 갖지만, 유형물로서 미술 작품의 소유권은 그 작품을 산 사람이 갖는다. 저작권자와 소유권자가 다른 경우가 일반적이다. 작품 전시의 권리는 소유자가 갖는다. 작품을 전시하기 위해서는 소유자를 설득해야 하며 관련 조건을 법률적으로 치밀하게 협의하고 계약해야 한다. 예상되는 법률적 변수를 세심히 고려해야만 나중에 불협화음이 생기지 않는다.

소중한 예술품은 고가의 자산이기도 하다. 이것이 먼 곳으로 이동해서 전시될 때는 이동·보관·전시 과정에서 각별한 주의가 필요하다. 파손이나 도난, 변질 등 불의의 상황에 어떻게 대비하고 이때 책임을 어떻게 물을지에 대한 실무적이며 법률적인 검토가 요구된다.

또한 전시 행사를 통해 관람료 수입, 작품 판매 수입, 기타 상품 판매 수입 등을 저작권자, 소유자, 전시 주최자, 행사 후원자 등과 어떻게 배분할지, 전시 행사의 비용을 어떻게 분담할지도 쟁점이 될 수 있다. 때로는 개별 작품의 전시 장소 위치와 조명 등 관련 환경이 문제가 될 수 있다. 작품에 대한 관람객의 무단 촬영, 전시 안내 책자인 도록의 제작 및 배포 범위 설정, 미디어에 의한 작품 공개 등 전시 과정에서 저작권 침해 이슈에 대한 검토와 관리도 필요하다. 법률과는 전혀 관련이 없어 보이는 전시회 진행에는 이처럼 첨예한 법률문제가 개입되어 있다.

고상한 가치를 담아야 할 예술 전시에 비즈니스와 법률이 얽히는 것을 못마땅하게 여기는 사람들도 있다. 나는 이런 분의 심정을 이해하고 존중한다. 하지만 다른 측면도 살펴볼 필요가 있다. 저작권이 존중받지 못하는 환경에서는 창작 의욕이 감소하기 마련이다. 막대한 비용을 들여 작품을 소유한 사람이 전시의 권리를 제대로 행사하지 못하고 위험만 감수해야 한다면 대중이 훌륭한 작품을 접할 기회가 줄어들 것이다. 전시 행사를 후원하는 사람에게도 자부심과 함께 실익이 주어져야 한다. 이런 이해관계를 조율하는 능력이 필요하다. 특히 국제적인 전시회라면 여러 나라 간 법률과 관행이 조화를 이루어야 한다.

예술의 창작과 작품의 소유와 전시, 활용 등에 법률적 뒷받침이 든든해야 한다. 법률이 예술에 사사건건 개입하고 통제하는 것과 예술 창작과 향유의 과정을 지원하는 것은 완전히 다른 영역이다. 법률의 뒷받침을 통해 한 사회의 예술이 더욱 발전할 수 있다.

미술품 소장자와
저작자의 권리

한 미술관이 자신이 소장 중인 몇몇 작가의 작품을 묶어 기획 전시회를 개최하려고 했다. 그런데 여기에 포함된 작가 한 사람이 저작권 보호를 내세우며 자기 작품은 전시하지 말라고 요구했다. 이때 미술관은 이 작가의 작품을 제외하고 전시회를 진행해야 할까?

그렇지 않다. 물론 작가의 자발적 협력이 없으면 전시회 홍보와 진행 등에 문제가 따르겠지만, 법적으로 따지자면 작가의 뜻을 거슬러 전시를 강행할 수 있다.

회화, 조각, 공예품 등 미술 작품은 그것을 사서 소장한 사람에게 전시할 권리가 부여된다. 따라서 작가의 허락 없이 미술 작품을 전시할 수 있다. 그런데 전시하는 장소에 대해서는 제한이 따른다. 건물 안에 전시하는 게 원칙이다. 건물 외벽, 길거리, 공원, 광장, 공항, 지하철역 등과 같은 늘 공개된 장소에서는 자유롭게 전시하지 못한다. 이때는 작가의 허락을 받아야 한다. 다만, 공개된 장소라 하더라도 짧은 기간으로 한정된 기획 전시 등은 작가 허락 없이 할 수 있다.

작품을 소장한 사람은 그것을 다른 사람에게 자유롭게 임대할 수도 있다. 다만, 앞에서 말한 항상 공개된 장소에서 전시하는 것을 목적으로 하는 사람에게는 임대하지 못한다.

자신이 소장한 미술 작품을 사진이나 이미지로 만들어 인터넷에 올리는 것은 어떨까? 작가의 허락 없이는 할 수 없다. 작품 소유자는 그것을 전시할 권한은 있지만, 복제하여 판매하거나 전송 또는 공중 송신할 권한은 없기 때문이다. 그런데 전시회 등을 홍보하기 위해 매우 제한적으로 공개하는 경우는 실무 관례상 허용되고 있다. 이 경우도 작가의 허락을 받고 사전에 계약하는 게 원칙에 가깝다.

전시회장 등에 가면 전시회 작품을 소개하는 책자인 도록을 판매하는 것을 자주 볼 수 있다. 이 도록을 만들어 배포할 때는 작가의 허락을 받아야 할까? 반드시 그런 것은 아니다. 이 도록이 전시장을 방문한 사람들만을 대상으로 전시된 작품의 특징 등을 간략하게 소개하는 소책자 수준이라면 허락을 받지 않아도 된다. 전시를 위한 실무로 인정되는 경향이 있다.

그런데 전시된 작품을 정밀하게 담은 화려한 도록을 제작하여 고가에 판매하거나 전시회장 울타리를 넘어서 서점 등에서 판다면 반드시 작가의 허락을 받아야 한다. 이것은 전시회를 돕는 도구 차원이 아니라 저작권을 바탕으로 한 별도의 상업 행위이기 때문이다.

미술 작품은 소유자와 작가가 다른 경우가 일반적이다. 대개 작가가 자신의 작품을 판매하기 때문이다. 이때 저작권법은 소유자와 작가의 권리를 각각 인정한다. 소유자는 저작권이 구현된 작품 그 자체를 전시하고 임대하고 다시 판매하는 등 구체적 물건 소유자로서 권리를 부여받는다. 작가의 허락이 없이도 소유권을 행사하는 행위를 자유롭게 할 수 있다. 정당한 이유 없이 이 소유권이 제한되거나 침해될 수 없다.

하지만 물건 소유자 이상의 권리를 행사할 수 없다. 원래 작품의 저작권은 작가에게 그대로 남아 있다. 작품을 인터넷을 통해 전송하거나 작품을 구현한 인쇄물, 책자 등을 만들고 판매하는 것은 저작권의 영역으로 작가에게 속한다.

미술 작품 거래에서 작품이라는 '물건'은 산 사람에게 속하지만, 그 '정신(저작권)'은 작가에게 머물러 있다고 이해하면 간단하겠다.

차용 예술의
딜레마

현대 예술의 주도적 경향의 하나로 포스트모더니즘이 꼽힌다. 포스트모더니즘이 무엇이냐에 대해서는 학자들에 따라 이견이 있지만, 나는 탈중심과 해체가 중요한 특징이라고 생각한다. 거칠게 표현하자면 이미 우리 사회에서 현대성으로 정립되었다고 여겨지는 가치, 이론, 전통, 관행을 부정함으로써 독특한 미학에 도달하는 것이다. 예술에서는 기존에 아름다움과 가치로 숭상받는 대상을 다른 관점으로 재해석하거나 심지어 조롱함으로써 새로운 미적 의미에 도달하고자 시도한다.

포스트모더니즘에서 패러디가 중요한 방법으로 이용되는 것은 이런 맥락에서 이해할 수 있다. 예술 용어로 차용 또는 전유

Appropriation라는 기법이 흔히 사용된다. 과거 작품의 전체나 일부를 가져와서 이것의 맥락을 부인하거나 새로운 의미를 부여하는 방식으로 이미 주어졌던 가치에 딴죽을 걸며 신화화된 대상을 허물어뜨려버린다.

차용 예술은 부정과 해체 또는 조롱의 대상이 존재하기 마련이다. 기존 작품을 가지고 와서 재해석을 해야 하기 때문이다. 당연히 저작권 침해 소지가 뒤따를 수밖에 없다. 문제는 이러한 차용이 고유한 미학을 창조했는지 아니면 차용을 빙자해서 교묘한 저작권 침해를 했는지가 불분명하다는 것이다. 앞으로 저작권 케이스를 다루는 법원은 이를 놓고 심각한 고민에 빠지는 일이 허다하리라 본다.

차용 예술과 관련하여 끊임없는 화제를 불러일으키는 인물이 제프 쿤스Jeff Koons이다. 그는 '포스트모던 키치의 제왕'으로 불린다. 기존 창작품을 아무런 허락 없이 빌려와 과감하게(혹은 뻔뻔스럽게) 모방하면서 '재창조'를 선언해버린다. 창작 방식도 독특하다. 수십 명의 조수를 거느리고 자신이 아이디어를 낸 작품을 공산품처럼 만들도록 한다. 그는 예술적 차용과 저작권 침해 사이를 아슬아슬하게 줄타기하며 부와 명성을 쌓았다.

2018년 11월, 예상하던 일이 드디어 터졌다. 프랑스의 광고 제작자 프랑크 다비도비시Franck Davidovici는 제프 쿤스가 자신의 광고를 표절했다고 소송을 제기했다. 눈 위에 여성이 누워 있고 그녀의 머리

부근에 돼지 한 마리가 있는 광고 이미지를 거의 그대로 베껴서 조각품을 만들었다는 것이다. 심지어는 〈겨울 사건Fait d'Hiver〉이라는 제목조차 똑같았다. 법원은 제프 쿤스의 표절을 인정하고 손해배상을 판결했다.

하지만 제프 쿤스의 작품이 늘 표절로 판정받은 것은 아니다. 그는 안드레아 블랜치의 광고 작품인 〈실크 샌달〉을 패러디해서 〈나이아가라〉라는 작품을 발표했었다. 안드레아 블랜치는 저작권 침해로 법원에 고소했으나 패소하고 말았다. 2006년의 일이다. 흥미로운 사실은 이 〈겨울 사건〉이 경매 시장에서 400만 달러에 팔려나갔다는 것이다. 상업 광고의 표절작이 거액의 예술품으로 인정받는 아이러니가 빚어졌다.

고급 예술과 대중적 취향의 경계가 허물어진다. 어찌 보면 조잡하고 유치하며 예술적 품격이 없는 데다 다른 이의 작품을 베낀 저급 예술이 사회적으로 혹은 대중적으로 인정받는 시대가 열리고 있다. 차용 예술을 대하는 법률적 판단은 이제 시작이다. 앞으로 어떤 해석과 판례가 나올지 귀추가 주목된다.

포스트모던 키치의 제왕 제프 쿤스는 차용을 통해 새로운 예술 세계를 열었다. 그의 작품인 〈Balloon Dog〉.

기증받은 미술품의
권리

한 조각가가 공공기관에 자신의 작품을 영구히 기증했다면 그 저작권은 어디에 속할까? 이 공공기관이 조각가에게 저작권료를 지급할 필요가 없다는 점은 분명하다. 그렇다면 공공기관이 그 작품의 저작권을 완전히 소유했다고 볼 수 있을까? 그렇지는 않다. 기증받은 쪽은 작품의 소유권을 획득했으며 저작권료를 지급할 의무가 면제되었을 뿐이다. 한 가지가 더 남아 있다. '저작 인격권'이다. 이는 경제적인 대가와는 무관하게 창작자의 작품 가치를 존중해야 함을 의미한다.

알렉산더 칼더Alexander Stirling Calder 는 미국의 유명한 조각가이다. 그는 모빌의 창안자로 유명하다. 칼더는 1958년 〈피츠버그Pittsburgh〉

라는 모빌 작품을 펜실베이니아주 피츠버그 앨러게니 카운티에 기증했다. 그 작품은 같은 카운티 안에 있는 피츠버그 공항에 설치되었다. 그런데 칼더의 작품이 공항에 전시되는 동안 저작권 역사에서 주목할 만한 사건이 하나 일어났다. 공항 임직원들은 〈피츠버그〉가 흑백인 것이 마음에 들지 않았던 모양이다. 카운티의 상징색인 황금색과 녹색으로 칠해버렸다. 모빌의 설치 방향도 바꾸었다. 칼더는 강력하게 항의했지만, 소용이 없었다. '저작 인격권'의 사회적 인식이 없었기 때문이다. 이 사건은 저작 인격권에 대해 사회적 공론이 일어나는 계기가 되었다.

저작 인격권의 핵심은 '동일성 유지권'이다. 창작자의 의도가 담긴 작품에 변경, 절단, 추가 등으로 훼손하지 못하도록 하는 것이다. 문학, 회화, 조각, 음악 등 모든 저작 분야에 적용된다. 현재는 전 세계적으로 저작 인격권이 폭넓게 보호받고 있다.

현대 사회에서 '공공 미술Public Art'이라는 개념이 등장한 것도 유의해보아야 할 것이다. 개인의 저택, 회사, 갤러리 등 사적 공간이 아니라 공공기관, 공원 등 대중이 자유롭게 드나들 수 있는 곳에서 공공이 마음껏 누릴 수 있도록 주변 환경과 조화를 이룬 회화(주로 벽화), 조각, 설치 미술품 등을 배치하는 것이다. 이때 창작자가 작품을 기증했든 대가를 받고 공급했든 관련 없이 저작권 특히 저작 인격권은 남아 있다. 관리하는 공공기관은 창작자의 의도대로 전시·관리·보존해야 할 책임이 생긴다는 뜻이다.

젊은 화가 몇몇이 가난한 도시의 후락한 담벼락을 아름다운 그림으로 꾸몄다. 물론 지방자치단체와 소유주의 허락을 받았고 무료로 그렸다. 그러던 중 이 지역이 재개발에 들어가게 되었다. 지방자치단체와 건설회사는 '공짜로 그려준' 벽화이기에 창작자들에 대한 아무런 통보나 배려도 없이 이 벽을 무너뜨렸다. 이런 사례는 한국에서 몇 차례 반복되었는데, 소송으로 이어지지는 않았다. 하지만 엄격하게 따지자면 저작 인격권을 심각하게 훼손한 사건이다. 최소한의 의논과 배려가 있어야 했다.

창작자가 공공을 위해 선의로 자신의 작품을 내놓았다고 해서 그에 대한 모든 권리가 기증받은 쪽으로 넘어가는 것은 아니다. 창작자의 정신과 가치는 작품 속에 그대로 녹아 있다. 이를 함부로 훼손할 권리는 아무에게도 부여되지 않는다. 저작 인격권은 저작자의 정신에 대한 최소한의 법률적 보호 장치인 동시에 현대 시민의 교양인 것이다.

길거리 음악가의
법률문제

뉴욕의 지하철역은 길거리 음악가들의 천국이다. 환승역인 타임스퀘어역, 헤럴드스퀘어역, 그랜드센트럴역 등에서는 늘 전 세계 출신의 다양한 음악가의 공연이 펼쳐진다. 이들은 단순한 아마추어가 아니다. 높은 수준의 실력을 지닌 사람도 꽤 많다.

　자신의 연주를 대중에게 들려주고자 하는 열정에 불타 길거리 무대에 선 자유로운 영혼들은 모든 속박에서 벗어난 듯 보인다. 하지만 실제는 다르다. 차이가 있지만, 문명을 지닌 국가와 도시들은 길거리 음악가들을 통제하는 법률과 규정을 갖추고 있다. 창작과 예술의 자유가 보장되어야 하듯 시민이 소음으로 고통받지 않을 권리도 보호되어야 하기 때문이다.

뉴욕 지하철역 내부에서의 공연은 엄격한 사전 허가와 계획에 따라 열린다. 뉴욕 교통국에는 'Music Under New York'이라는 독특한 부서가 있다. 이 부서는 지하철역 안에서 공연하고자 하는 음악가들의 사전 신청을 받고 오디션을 치른다. 이 오디션을 통과한 팀이나 개인들만이 계획된 일정에 따라 정해진 장소에서 공연할 수 있다. 모금이나 CD 판매 등도 규정을 따라야 한다.

버스킹이 매우 활발한 영국에서는 일찍이 '버스킹 규정'을 법제화해서 운영하고 있다. 연주 허가증이 있는 길거리 음악가만 공연할 수 있게 한 지역이 많다. 광장이나 공원 등에서의 공연은 금지된다. 연주자가 관객과 너무 가까이 가서는 안 되며, 거주지나 상가의 환경도 고려해야 한다. 저녁 9시 이후에 앰프를 켜면 처벌을 받는다. 서울에서도 한강공원 등에서의 빈번한 버스킹 때문에 인근 주민과 산책 나온 시민들의 불편과 불쾌함이 늘면서 엄격한 규정이 마련되었다.

길거리 음악가와 저작권법에 대해서도 생각해보자. 길거리 음악가들은 자신의 창작곡보다는 대중적으로 인기 있는 곡을 연주하는 경우가 많다. 이때 이 곡들의 저작권자에게 허락을 받고 비용을 치러야 할까? 원칙적으로는 그렇다. 모든 공연에는 저작권자의 허락이 필요하며 버스킹 역시 공연의 한 형태이기 때문이다. 공연을 위한 저작권자의 허락과 계약, 대금의 수취는 모든 사안마다 개별적으로 진행되지 않고 관리 대행 기관을 통해 간편하게 할 수 있게 되어 있다. 허락을 받는 과정이 눈에 드러나지 않을 뿐, 저작권 법률상의 행위가 이루어지는 것이다.

하지만 영리를 목적으로 하지 않는 공연은 저작권자의 허락을 받지 않아도 된다는 예외가 존재한다. 관람비를 받지 않는 길거리 공연에는 저작권자의 허락이 필요하지 않다는 이야기이다. 모자나 깡통에 돈을 걷는 방식은 어떨까? 여기에는 논란이 있다. 영리 행위의 하나로 보는 엄격한 해석도 있다. 이와 반대로, 공연을 보기 위해서 돈을 꼭 내야 한다는 강제성이 없고 금액도 정해지지 않기에 영리 행위가 아니라는 해석도 존재한다. 현실에서는 모금의 규모가 작기에 특별히 규제하지는 않는다. 하지만 상업적 목적이 명백한 버스킹이라면 저작권자의 허락을 받아야 한다. 또한 버스킹 장면을 녹화하여 방송할 때는 버스킹 자체가 아니라 방송으로서 저작권 법률의 적용을 받는다.

현대 사회에서 예술은 법률이라는 배경 없이 존재할 수 없다. 우리가 그것을 의식하지 않을 뿐이다. 길거리 음악가에게도 변호사가 필요한 날이 머지않은 것 같다.

음악 공연과
법률

우리 로펌에는 음악 공연 기획이나 법률 자문 케이스가 더러 있다. 변호사와 음악 공연이 무슨 상관일까? 음악 공연, 특히 대형 공연의 경우 법률 이슈가 크게 작용한다. 저작권이 대표적이다.

음악 공연의 저작권자는 누구일까? 작곡가, 작사가, 편곡가가 저작권자이다. 그래서 음악 공연을 열려면 저작권자에게 허락을 받아야 한다. 연주될 모든 곡의 작곡가, 작사가, 편곡가에게 허락을 받고 정당한 대가를 치러야 한다. 그런데 예외가 있다. 저작권자가 세상을 떠난 지 70년이 넘었다면 허락을 받거나 비용을 내지 않아도 된다. 모차르트나 베토벤 등 우리가 떠올리는 대부분의 클래식 작곡가들이 여기에 해당한다. 물론 스트라빈스키, 쇼스타코비치 등의 음악가는 저작권 보호 기간에 속해 있다.

연주되는 모든 곡의 저작권자를 찾아 일일이 허락을 다 받는 건 매우 번거로운 일이다. 이 요청에 응하는 저작권자도 마찬가지다. 그래서 공동 저작권 관리 기구를 통해서 진행하는 게 일반적이다.

실제 연주를 통해 그 곡의 아름다움을 재창조한 연주자에게는 저작권이 주어지지 않는가? 그렇다. 그 대신 그 공연에 대한 저작인 접권이 부여된다. 여기에는 그 공연을 녹음이나 녹화하여 전송하는 것을 허락하거나 금지할 수 있는 권리도 포함된다.

음악 공연을 영상으로 담아 방송하거나 인터넷 등으로 전송하려면 모든 저작권자와 그 공연의 연주자에게 모두 허락을 받아야 한다. 하루에도 셀 수 없을 정도로 많은 음악이 흘러나오는 라디오와 TV에서 이 절차를 수행하려면 어마어마하게 바쁠 것이다. 신청곡을 받아서 전송한다면 더욱 복잡할 것이다.

방송국들은 대부분 저작권 관리 기구와 포괄 계약을 맺는다. 일정 기간별로 대금을 지급하고 저작권 관리 기구가 관리하는 모든 음악을 자유롭게 사용한다. 평균적으로 사용하는 곡 수, 전송 시간, 청취자와 시청자 수 등 적정한 규모에 따라 계약을 체결한다. 저작권 관리 기구는 포괄 계약으로 받는 금액을 모니터링해서 저작권자와 실연자에게 분배한다.

어떤 음악이 방송된다면 그것은 전문적 제작 과정을 통해 음원이 만들어졌음을 의미한다. 즉 음악 제작자가 한 주체로 등장한다. 이들에게도 저작인접권이 주어진다. 이들도 음원이나 영상이 복제·전송되는 것을 허락하거나 금지할 권한을 갖는다.

연주자들은 대체로 자신의 연주가 방송을 통해 널리 퍼지기를 바란다. 음반에 담기거나 디지털 음원으로 제작되어 게시되는 것도 선호한다. 그래서 제작자인 방송국이나 음악 기획사들은 연주자들로부터 공연의 녹음·녹화나 방송의 허락을 받는 것을 넘어 방송 음원이나 영상을 복제·전송할 권리를 위임받아 행사하는 것이 일반적이다.

유튜브에는 많은 음악 공연 영상이 있다. 자신이 직접 촬영·녹음한 것도 있지만, 공연을 녹화한 방송 화면을 복제한 경우가 많다. 이것은 저작권자와 저작인접권자에 대한 명백한 권리 침해다. 법률적으로 문제를 일으킬 수 있으니 삼가야 할 것이다.

가을이 깊어간다. 한번쯤 공연장을 찾아 아름다운 선율로 마음을 정화하면서, 멋진 음악이 탄생하여 대중에게 퍼지기까지 참여하는 사람들과 그들의 권리에 대해 생각해보는 것 어떨까?

08
스포츠,
거대 비즈니스가 되다

INTELLECTUAL PROPERTY BUSINESS

올림픽,
비즈니스 이벤트

2020년에는 코로나-19 팬데믹으로 올림픽이 열리지 못하는 초유의 사태가 벌어졌다. 세계의 축제를 즐기지 못한 아쉬움이 컸지만, 그래도 걱정 하나는 덜 수 있었다. 그것은 '혹시 한국 선수들의 성적이 좋지 않을까?' 하는 일반적인 염려가 아니다. 변호사로서의 직업적인 고민이다. 다름 아닌 지식재산권 문제이다. 한민족 특유의 선량한 열정과 관심, 발전한 정보통신 기술 인프라, 왕성한 소셜미디어 활동이 자칫 지식재산권법과 충돌을 일으켜 선의의 피해자가 나오지 않을지 노파심이 올림픽 때마다 생겼었다.

올림픽은 세계인의 화합과 아마추어 정신을 바탕으로 한 지구촌 축제이지만, 거대한 비즈니스 이벤트라는 현실 또한 무시할 수는 없다. 이 비즈니스의 정점에는 국제올림픽위원회IOC가 있고, 'TOPThe Olympic Partners'이라 불리는 공식 후원사의 입김이 작용한다. 한마디로 올림픽에 관한 한 거의 모든 것이 혹독하며 광범위한 지식재산권 통제의 대상이다. 로고, 엠블럼, 마스코트는 물론이고 '올림픽'이라는 단어조차 허락 없이 사용할 수 없다.

2008년 서울특별시가 '서울디자인올림픽SDO 2008'을 개최하면서 '올림픽'이라는 단어 사용 여부를 놓고 IOC와 치열한 신경전을 펼쳤던 일은 유명하다. 한 도시가 상업적 의도 없이 혼동의 소지가 전혀 없는 분야에 '올림픽'이라는 명칭을 쓸 때조차 진통을 겪어야 했다면, 다른 분야는 어떨지 짐작할 수 있다. 심지어 2018년 평창동계올림픽의 경기장과 시설물 중 이름에 '올림픽'이라는 단어를 쓸 수 있는 곳은 평창올림픽스타디움, 평창올림픽플라자, 강릉올림픽파크, 올림픽슬라이딩센터, 알펜시아올림픽파크 5곳뿐이었다. 그나마 뒤에 언급한 두 곳은 대회 직전에야 IOC의 허락을 받았다.

올림픽 관련 지식재산권에 대한 가장 강력한 보호가 이루어지는 곳은 미국이다. 강력한 연방상표법인 '랜햄법Lanham Act'이 존재하며, 여기에 다양한 특별법과 규정을 덧붙임으로써 IOC에 '완벽한 독점'을 제공했다. 미국올림픽위원회USOC는 올림픽 관련 지식재산권에 대해 민사소송을 제기할 수 있는데, 상표의 혼동 가능성을 입증하지 않더라도 폭넓은 침해 가능성을 인정받는 것이 특징적이다. 올림픽 지식재산권에 관해 대부분의 국가가 미국의 경향을 따라가는 추세다.

올림픽과 관련된 거의 모든 것, 즉 '올림픽'이라는 이름, 개최 도시와 개최 연도, 로고, 마스코트, 엠블럼부터 경기 장면의 방송에 이르기까지 촘촘한 지식재산권의 보호를 받는다. 올림픽 개최 경험이 쌓이고 미디어와 인터넷의 파급력이 커진 지금은 지식재산권 보호 장치가 더욱 정교해졌다.

변호사로서 권한다. 공식 파트너나 스폰서, 서포터 등이 아니라면 올림픽 이벤트와 직접적 연관을 맺지 않는 것이 바람직하다. 그 의도가 공익적이고 선량하다 하더라도 마찬가지다. 유용한 정보와 감동적인 장면을 다른 이와 함께 나누며 공감하고자 하는 선의가 뜻밖의 불행을 불러올 수도 있다. 엄청난 확산력으로 곳곳에 증거를 남기는 정보 사회에서는 더더욱 위험하다. 마음껏 올림픽을 즐기되 지식재산권의 복마전에 뛰어들지 말기를 당부드리고 싶다.

올림픽 경기 지식재산권은 누구 소유인가?

스포츠 경기를 '각본 없는 드라마'라고 한다. 끝까지 결과를 알 수 없는 긴장감 속에서 선수들이 펼치는 멋진 플레이와 때론 어처구니없는 실수까지 아찔한 재미를 선사한다. 명승부와 명장면은 그 자체로 위대한 콘텐츠다. 곧 평창에서 개최될 동계올림픽에서도 이런 멋진 콘텐츠가 양산되었다. 그런데 여기서 상식적인 궁금증이 하나 생긴다. 주로 방송 영상으로 존재하는 이 콘텐츠의 주인은 누구인가? 말하자면 지식재산권 소유자가 누구인가?

직관적으로 생각하면 선수들이 떠오른다. 모든 경기 내용이 그들의 동작 하나하나에서 이루어지기 때문이다. 선수들이 경기를 펼치도록 비용을 들여 자리를 마련한 조직은 어떤가, 또 선수들을 지도한 코칭 스태프는 어떻게 대우해야 할까, 이들도 권리가 있지 않을까? 만약 지식재산권을 나눈다면, 축구나 야구 같은 단체 경기에서 참여한 선수와 후보 선수, 코칭 스태프, 팀 조직, 경기 개최 조직 간의 배분은 어떻게 해야 할까? 질문에 질문이 꼬리를 무는 난해한 문제이다.

법률가들 사이에서 여전히 논쟁이 진행 중이긴 하지만, 현실적으로 정리된 법규와 판례, 관행이 존재한다. 스포츠 경기 방송의 지식재산권을 누가 보유하는지에 대한 오래되고 유명한 판례가 있다. 미국 메이저리그 야구 경기 방송의 지식재산권이 구단에 있는지, 선수협회에 있는지에 대한 소송이었다. 미국 제7연방항소법원은 선수와 구단 사이에 경기 방송 지식재산권이 구단에 귀속된다는 합의가 있었음을 근거로 구단이 지식재산권을 갖는다고 판시했다. 이 판결은 미국을 넘어 전 세계 스포츠 경기 장면의 지식재산권에 대한 일반적 준거로 작용하고 있다.

단순하게 말해 경기 장면의 지식재산권은 팀(구단)의 소유이다. 소속 선수들의 직무로 발생하는 지식재산권이기 때문이다. 프로 선수를 예로 들면, 그들은 구단으로부터 계약된 보수를 받고 경기를 펼친다. 경기 장면 지식재산권은 고용된 선수들의 고유 직무 과정에서 산출된 것이므로 선수 개인이 주장할 수 없다는 해석이다. 마치 신문사에 고용된 기자들이 쓴 기사의 지식재산권이 신문사에 귀속되는 것과 같은 원리다.

그런데 지식재산권을 갖는 팀(구단)은 경기를 개최하고 운영하는 조직인 한국야구위원회KBO, 전미농구협회NBA 등에 자신의 권리를 위탁한다. 장기적 관점에서 안정적으로 경기를 이어가려면 이것이 자연스럽다. 결국 상급 기관이 지식재산권을 행사하고 그 대가를 구단에 나누어주는 방식이 일반화된다.

올림픽이라면 어떨까? 선수들은 국가대표팀에 소속된다. 국가대표팀은 상급 경기 단체에, 상급 경기 단체는 각국 올림픽위원회에, 각국 올림픽위원회는 IOC에 경기 지식재산권 운영을 위탁한다. 이런 법률적 과정을 거쳐 우리는 IOC가 세계 곳곳의 방송사와 거액의 중계권료 계약을 체결했다는 소식을 접하게 된다.

"곰은 재주가 부리고 돈은 왕 서방이 챙긴다"는 속담은 스포츠 경기의 지식재산권(주로 방송 중계권)에 잘 들어맞는다. 씁쓸하지만 어쩌겠는가, 이것이 오랜 현실인 것을.

올림픽의
수익 원천은?

변호사로서 일하다 보면 가치와 실리 사이의 팽팽한 긴장감을 느낄 때가 많다. 법률을 통해 사회적 정의를 수호한다는 가치와 사업자로서 수익을 거두어 조직과 가족을 영위한다는 현실이 갈등을 일으키며 공존하고 하나의 실체를 이룬다. 생각을 넓혀보면 세상사의 많은 부분에 그런 측면이 존재한다. 그중에서 대표적인 게 올림픽이다.

올림픽은 국가와 인종, 종교와 이념을 뛰어넘은 평화의 제전이다. 스포츠를 매개로 지구촌을 하나로 묶는 세계인의 축제이다. 참가하고 교류하는 데 의의를 둔 아마추어리즘의 결정체이다. 하지만 현실에서 올림픽은 대규모 상업적 이벤트이다. 천문학적 액수의 돈이 오가는 가운데 이해관계자인 올림픽위원회, 개최 지역, 세계적 대기업, 거대 미디어들이 수익을 놓고 각축을 벌인다.

올림픽의 이러한 양면성은 상호 갈등 속 조화를 이루며 존재해 왔다. 이 두 측면 중 하나를 빼놓고서는 현대 올림픽이 유지될 수 없을 것이다. 제한된 소수가 아니라 세계인이 즐기는 명실상부한 올림픽을 개최하려면 막대한 돈이 든다. 엄청난 자금을 조달해야 한다. 우선 대회 운영을 통해 기본적인 경비를 마련할 수 있어야 한다. 또한 후원자들을 모으기 위해서는 그들에게 이익이라는 성취 동기를 제공할 필요가 있다. 이처럼 올림픽은 가치를 실현하며 대회 를 지속적으로 재생산하기 위해 영리적 기제를 동원할 수밖에 없 는 구조를 가지고 있는 것이다.

그렇다면 올림픽의 주 수입원은 무엇인가? 드러난 양상은 복잡 하지만, 지식재산권 변호사로서 간단하게 말할 수 있다. 올림픽은 지식재산권을 먹고 산다. 올림픽은 영리적 측면에서는 지식재산권 판매 사업이다. 가장 직접적이며 명확한 지식재산권 사업 형태는 방송 중계권 판매이다. 올림픽위원회는 대회 개·폐막식부터 경기 장면에 이르기까지 모든 장면에 대한 독점적인 소유자이자 지식재 산권자, 지식재산권 판매자로서 권한을 갖고 수십 억 달러 규모의 방송 중계권을 거래한다.

대회 후원자로부터의 수입은 어떤가? 지식재산권과는 거리가 있 어 보인다. 하지만 실상은 다르다. 대회 후원 기업들은 순수 공익적 차원에서 거액을 내놓지 않는다. '올림픽'이라는 이름, 오륜기 등의 올림픽 상징, 구체적인 대회 명칭, 엠블럼, 마스코트 등을 자사 마케팅에 활용하기 위해 후원 기업 명단에 이름을 올린다. 즉 비용을 치르고 지식재산권을 빌려서 마케팅 행위를 하는 셈이다.

올림픽과 관련된 크고 작은 소송 중 상당수는 지식재산권과 관련이 있다. 주로 올림픽위원회나 올림픽위원회로부터 지식재산권을 임대한 쪽이 원고가 되고 지식재산권을 침해한 쪽이 피고가 된다. 드물지만 그 반대의 경우도 있다. 지식재산권이야말로 올림픽을 둘러싼 수익을 좌우하는 최고의 쟁점으로 작용하고 있다.

평창동계올림픽에는 수많은 이슈가 생겼었다. 그 하나하나를 중요하게 여기고 성실히 대응했다. 그런데 지식재산권 문제는 그 중요성만큼 충분히 다루어지지 않았다는 느낌이 들어 아쉽다. 앞선 올림픽들에 비해 정보통신 기술이 발전하고 매체 환경이 복잡해진 상황에서 대회가 치러졌다. 따라서 다양한 지식재산권 변수에 대한 세부적인 검토가 진행되고 일부 절차가 정비되었다면 더 좋았을 것이다. 이를 통해 대회 재원 마련에 긍정적 기여를 할 수 있었을 것이다. 그리고 지식재산권에 익숙하지 않은 선량한 피해자가 나오지 않도록 대중 홍보도 만전을 다했다면 최고의 대회가 되었을 것이다.

올림픽은
공공의 소유가 아니다

올림픽을 이용하여 마케팅을 하려는 몇몇 분으로부터 질문을 받았다. 올림픽과 관련해서 지식재산권으로 보호받는 요소들이 무엇인지, 조심해야 할 점들은 어떤 것들인지에 대해 물었다. 나는 단호히 대답했다. "상업적 의도가 있다면, 올림픽과 연관된 그 무엇도 하지 마십시오." 올림픽에 관한 한 '모든 것'이 지식재산권 보호의 대상이기 때문이다. 대표적인 것 몇 가지를 살펴보자.

첫째, '올림픽'이라는 단어 그 자체이다. 가상 상황을 하나 보자. 누군가가 '올림픽식당'이라는 상호로 음식점을 열었다. 스타디움 모양의 인테리어, 경기 종목 이름을 딴 메뉴판 등 올림픽을 연상하게 하는 장치를 갖추고 손님을 끌었다. 이 식당은 눈에 띄지 않는 변두리 작은 식당으로 출발해서 규모를 갖추어갔다. 그러던 어느 날 이 식당은 거액의 손해배상을 하고 상호를 바꾸어야 할 운명에 처했다. '올림픽'이라는 이름 때문이다. 우리 상식과는 달리 '올림픽'이라는 이름은 함부로 붙일 수 없다. 상업성이 조금이라도 있다면 더더욱 안 된다. 지방자치단체인 서울시가 공공행사인 '서울디자인올림픽'이라는 명칭을 쓸 때에도 IOC와 큰 갈등이 빚어졌음을 참고로 하기 바란다.

둘째, 올림픽의 상징기인 '오륜기'이다. 오륜기는 그 속뜻이 깊고 디자인도 아름답다. 공공재로도 느껴진다. 그래서 사용하고 싶은 마음이 생긴다. 하지만 오륜기를 가게 인테리어에 쓰거나 제품 디자인에 응용한다면 얼마 못 가 지식재산권 침해 소송에 휘말리게 될 것이다. 오륜기의 원을 하트 모양 등으로 변형했다 하더라도 마찬가지다. 오륜기를 연상시키는 디자인을 지식재산권 침해로 판결한 판례가 있다.

셋째, 대회 명칭이다. 예를 들어 스포츠광인 어느 기업의 CEO가 한국 팀이 좋은 성적을 올리기 바라는 순수한 마음으로 신문에 "2018 평창동계올림픽에 참가하는 한국 대표 선수단의 선전을 기원합니다"라는 광고를 게재했다고 하자. 그는 순수한 의도를 인정받지 못할 것이다. 그 대신 무단으로 올림픽을 회사 홍보에 이용한 악덕 기업으로 몰려 소송에 휘말릴 가능성이 높다.

인류 평화의 제전 올림픽의 실상은 대규모 비즈니스 이벤트이다.

넷째, 대회 엠블럼이다. 엠블럼은 지역, 단체, 학교, 스포츠클럽 등을 상징하는 문장을 말하는데, 각 올림픽 대회마다 고유한 엠블럼을 만들어 써왔다. 평창동계올림픽의 엠블럼은 한글 자음 'ㅍ'과 오륜기의 색을 바탕으로 한 아름다운 형상이다. 이 엠블럼을 사용할 수 있는 주체와 범위는 후원 협약에 의해 세부적으로 규정된다. 따라서 이것을 임의로 활용할 수 없다. 웹 사이트나 소셜네트워크 계정에 올리는 것조차도 위험한 행동이다.

다섯째, 대회 마스코트이다. 올림픽에서는 대회를 상징하는 역동적인 생명체(주로 동물)를 디자인해서 대회 홍보와 운영에 폭넓게 사용한다. 1988 서울올림픽의 호돌이는 강한 인상으로 남아 있다. 평창동계올림픽의 마스코트는 백호를 모티브로 한 '수호랑'이고 패럴림픽의 마스코는 반달곰 형상의 '반다비'이다. 올림픽 마스코트를 이용해 무단으로 인형 등의 공산품을 만들어 팔거나 티셔츠 등의 디자인으로 활용하는 것은 명백한 지식재산권 위반이다.

올림픽은 세계 모든 사람이 즐기는 축제이지만, 그 이름과 상징물들은 공공재가 아니다. 올림픽을 보고 들으며 즐기되, 표현하려는 그 모든 욕망은 잊어라. 지식재산권 변호사가 드리는 충언이다.

올림픽의 꽃,
TV

동계올림픽의 꽃은 무엇일까? 아이스하키 종목이라는 의견도 있고, 피겨 스케이팅, 그중에서 여자 싱글이라는 의견도 만만치 않다. 어쨌든 2010 밴쿠버동계올림픽에서 김연아 선수가 빙상을 아름답게 수놓은 후 금메달을 목에 걸던 장면은 결코 잊을 수 없는 감동으로 남아 있다.

하계올림픽의 꽃은 논쟁의 여지없이 마라톤이다. 마라톤은 올림픽 정신의 상징과도 같은 종목으로 폐막식 직전에 경기를 치르며 대회의 대미를 장식한다. 1992년 8월 바르셀로나올림픽에서 황영조 선수가 1위로 결승점을 통과하던 때, 한민족이 느꼈던 환희는 이루 말할 수 없다. 그 느낌은 역사를 관통하여 1936년까지 이어져 있다. 손기정 선수가 베를린올림픽에서 금메달 따던 때이다. 그러나 그때는 마음껏 기뻐하고 감동에 젖을 수 없었다. 나라 잃은 국민으로서 일장기를 가슴에 달고 있었기 때문이다. 그 기나긴 응어리는 결국 풀리고야 말았다.

그런데 우리 기억 속 손기정 선수의 올림픽 우승 장면은 뚜렷한 영상으로 남아 있다. 결승점을 통과하는 모습, 월계관을 쓰고 손을 흔드는 장면을 수차례 TV 영상으로 보아왔기 때문이다. 마침 베를린올림픽은 경기 장면을 TV로 중계한 최초의 올림픽 대회이다. 그 영상이 없었다면 우리의 회한은 좀 더 흐릿하지 않았을까 생각해 본다. 이처럼 올림픽의 꽃을 활짝 피운 자양분이 바로 TV이다.

올림픽의 역사는 TV의 역사다. 올림픽의 주 수입원인 지식재산권이 확장된 것도 TV를 통해서이다. 1936년 베를린올림픽은 최초로 TV 중계를 했다. 1948년 런던올림픽에서는 제한적이나마 IOC 차원의 TV 중계권료가 발생했다. 금액은 1,000파운드(약 150만 원)였다. 1956년 멜버른올림픽의 경기 장면은 미국과 유럽 가정의 TV로 송출되었다. 물론 3~5일 걸리는 녹화 방송이었다. 1960년 로마 올림픽부터는 인공위성을 통해 전 세계에 올림픽 경기가 생중계되었다. 이는 획기적 사건이었다. 이로부터 상업적 차원의 TV 중계권료 개념이 생겼고, 올림픽이 세계인의 축제로 자리 잡기 시작했다. 이후 반쪽짜리 올림픽이라는 비판 속에 열린 1984년 LA올림픽과

1988년 서울올림픽을 거치면서 현대적 올림픽 중계방송의 틀이 완벽하게 잡혔다. 이와 함께 지금과 같은 올림픽의 상업화, 지식재산권과 후원 시스템이 형성되었다.

TV 없는 올림픽은 상상할 수 없다. 또한 올림픽은 방송사들이 촬영, 중계 등의 기술을 비약적으로 상승시키는 계기가 되었다. 이제 전 세계 인구의 90%가량이 TV로 올림픽을 즐긴다. 만약 TV가 없었다면 올림픽은 소수 스포츠 마니아의 전유물로 전락하고 말았을 것이다. 올림픽과 연관된 거액의 지식재산권 수입과 후원 체계 역시 존재하지 않았을 것이다. 대회를 거듭할수록 TV 중계권료가 치솟았다. 2016년 리우올림픽의 TV 중계권료는 40억 달러에 이르렀다.

올림픽의 꽃이 무엇이냐는 질문에 대해 또 하나의 답변이 가능할 것 같다. 올림픽의 꽃은 TV이다. 대회 흥행의 최고 도구이며 후원을 이끌어내며 지식재산권 수입을 발생시키는 원천이다. 그리고 직접적으로 거액의 중계권료를 안겨준다.

하지만 올림픽에서 TV의 전성시대가 영원할 것 같지는 않다. 그 독주가 깨지는 파열음이 여러 곳에서 들려온다. 인터넷과 모바일을 앞세운 새로운 매체의 등장 때문이다. TV와 뉴미디어의 경쟁은 2018 평창동계올림픽에서 흥미로운 관전 포인트를 제공하기도 했다.

올림픽을
시청할 권리

평창올림픽이 열리던 당시 미국에서 TV로 올림픽을 보려면 선택지는 단 하나였다. NBC다. NBC와 자회사들 즉, 스포츠 채널인 NBCSN, 케이블 채널 CNBC와 USA 네트워크 케이블 또는 NBC 소유의 인터넷 매체에서만 올림픽 경기를 시청할 수 있다. NBC가 IOC에 9억 6,300만 달러를 내고 미국 내 독점 중계권을 따냈기 때문이다.

미국인들은 올림픽은 으레 NBC를 통해서 보는 것이라고 알고 있다. 그도 그럴 것이 NBC는 1992년 이후 하계와 동계올림픽을 거의 도맡아 중계하다시피 하고 있다. 그리고 2032년까지의 모든 올림픽 독점 중계권을 따낸 상태라고 알려졌다. 과거도 그랬지만 앞으로도 미국에서 올림픽 경기를 보려면 NBC를 피해갈 수 없다.

　NBC는 올림픽의 큰손이다. 상상을 초월하는 독점 중계권료를 치렀기 때문이다. 경기 후 선수와 곧장 인터뷰를 할 수 있는 방송사는 주관 방송사를 빼면 NBC가 유일하다. NBC가 문재인 대통령을 KTX 열차 안에서 인터뷰한 내용이 국제적인 이슈가 되었다. 그 역시 미국의 올림픽 독점 중계 방송사 자격으로 이루어졌다. 또한 NBC는 미국 시청자들을 고려해 아이스하키 경기 시간을 조정하거나 북미아이스하키리그NHL 소속 선수들의 올림픽 참가를 압박하는 등 영향력을 과시하기도 했다.

　그런데 한국은 다르다. 독점 중계 방송사가 없다. 같은 시간 똑같은 경기를 지상파 3사 중에서 골라 볼 수 있다. 어느 한 곳이 독점 계약을 하지 않고 방송 3사가 협력하여 IOC와 중계권료 협상을 하기 때문이다. 물론 한국에서도 지상파 방송 한 곳이 자회사를 앞세워 독점 중계 계약을 체결한 적이 있다. 하지만 이것은 경쟁 방송사뿐 아니라 여론의 거센 저항을 불러일으켰고, 결국 공동 계약 체제로 전환할 수밖에 없었다. 그리고 이 과정에서 정부 공공기관의 중재가 작용했다. 어떻게 보면 민간 영역에 대한 정부 개입이며 불공정한 담합으로 판단될 소지가 있다. 하지만 이것은 올림픽 중계권 협상 과정에서 널리 인정받는 관행이다. 유럽 각국과 일본, 오스트레일리아도 한국과 비슷한 방식을 취한다.

이것은 '보편적 시청권'이라는 시민권 개념에 의해 뒷받침된다. 전 국민의 관심사가 되는 문화 행사나 스포츠 경기는 별도의 비용을 지불하지 않고 자유롭게 TV로 시청할 수 있는 권리가 보장되어야 한다는 취지이다. 한국 법률은 올림픽의 경우 국민의 90%가 무료로 시청할 수 있도록 방송해야 함을 규정하고 있다. 이런 기반을 갖춘 곳은 지상파 방송국밖에 없다. 그런데 어느 한 곳이 독자적으로 계약을 추진한다면 중계권료가 치솟을 것이고, 독점 방송이나 중계권 재판매로 그 비용을 보전하려 한다면 시청자에게 부담이 전가될 가능성이 크다. 별도의 비용을 치르지 않고 TV로 올림픽을 즐기는 '보편적 시청권'이 침해받을 소지가 생기는 것이다. 그것을 막고자 공동 중계권 협상이 이루어진다.

올림픽 지식재산권, 특히 방송 중계권을 둘러싼 IOC의 권한은 막강하다. 차별적 콘텐츠를 소유하고 공급하려는 미디어 기업의 활동 또한 보장받아야 한다. 하지만 이것이 무소불위의 힘을 갖지는 못한다. 적어도 TV에서만큼은 누구든 세계 시민의 축제를 부담 없이 자유롭게 즐길 수 있어야 한다. 우리에게는 올림픽을 공짜로 볼 '권리'가 있다. '보편적 시청권'이 발전된 미디어 환경에 맞추어 더욱 발전하기를 바란다.

스포츠
스폰서십

2018년 러시아 월드컵은 이변의 연속이었다. 강팀이 조별 예선에서 주저앉는 예상하지 못한 장면이 연출되었다. 특히, 호날두와 메시라는 걸출한 월드 스타가 소속된 포르투갈과 아르헨티나가 모두 16강에 오르지 못하고 탈락했다. 이들의 화려한 플레이를 더 볼 수 없게 되어 아쉬움을 토로하는 팬들도 많다.

이 두 선수는 스페인 프리메라리가에서 뛰고 있는데 호날두는 레알 마드리드, 메시는 FC 바르셀로나 소속이다. 〈포브스〉가 조사한 데 따르면 두 사람은 전 세계 모든 종목의 스포츠 스타 중에서 가장 높은 수입을 올리고 있다. 이들의 연봉은 수천만 달러 수준이다. 그런데 수천만 달러 연봉을 받는 스포츠 스타는 꽤 된다. 수입 차이를 결정짓는 부분은 스폰서십이다. 이 두 스타는 연봉에 육박하거나 더 많은 돈을 스폰서십 계약에 의해 벌어들인다.

호날두는 현재 세계에서 가장 높은 스폰서십 수입을 올리고 있다. 세계적 대기업 30곳 이상과 스폰서십 계약을 체결한 것으로 알려졌는데, 업계의 가장 큰 손 나이키를 비롯해 한국의 삼성이 호날두의 스폰서이다.

스폰서십은 광고 출연료와 혼동되곤 하지만 엄격히 말해 이 둘은 다른 개념이다. 선수는 광고에 출연할 수도 있고 그렇지 않을 수도 있다. 직접 광고에 나오더라도 별도로 연출된 영상을 찍을 수도 있고, 기존 경기 장면 등을 활용할 수도 있다. 해당 선수를 후원한다는 사실만 밝히는 경우도 있다. 그런 점에서 스폰서십 계약은 넓은 의미의 퍼블리시티권 계약이라고 보는 게 합리적이겠다.

스폰서십 계약에는 여러 가지 복잡한 변수가 존재한다. 스폰서십을 받는 선수와 그가 소속된 팀 간의 관계가 대표적이다. 팀과 선수 간의 계약에 의해 선수가 받는 스폰서십의 일부를 팀에 떼주기도 한다. 계약을 갱신하면서 그 비율을 조정하기도 한다.

소속된 팀과 선수 개인의 스폰서가 다른 경우도 존재한다. 예를 들어 A 선수는 아디다스와 스폰서십을 맺고 있는데, A 선수 소속 팀은 나이키와 스폰서십을 체결한 경우가 존재할 수 있다. 이것이 국가대표팀 단위까지 올라가면 선수 개인, 소속 팀, 국가대표팀의 스폰서가 각각 다를 수 있다. 그러면 이 미묘한 상황을 어떻게 풀어 나갈 수 있을까?

선수 개인과 소속 팀이 각각 별도로 스포츠 의류 회사와 스폰서십 계약을 체결했는데, 훈련 장면이 노출될 때 해당 스포츠 의류를 착용해야 하는 계약인 상황을 가정해보자. 이때 개인은 개인의 스폰서십 계약을, 팀은 팀 단위의 스폰서십 계약을 따르는 게 관행이다. 개별 선수가 단독 훈련을 하는 경우나 선수 개인의 모습만 노출되는 경우는 개인이 계약한 스폰서의 의류를 입는다. 그러나 해당 팀의 선수 두 사람 이상이 모여서 훈련하거나 함께 있는 장면이 노출된다면 이때는 선수 개인의 스폰서와는 관계없이 팀이 계약한 스폰서의 스포츠 의류를 착용해야 한다. 이렇게 팀의 스폰서와 선수 개인의 스폰서를 모두 존중하는 방법을 찾는 것이다.

스폰서십은 스포츠 스타의 수입을 증폭시키는 가장 유력한 수단으로서, 스포츠 세계에서 지식재산권(퍼블리시티권)의 확장된 형태이자 결정체라고 해석할 수 있다.

'영미야~'의
지식재산권

모든 올림픽은 스토리를 남기고 스포츠 영웅을 탄생시켜왔다. 2018년 평창동계올림픽도 마찬가지였다. 새로운 스타와 감동적인 이야기가 곳곳에서 출현했다. 그중에서 한국 여자 컬링팀은 단연 눈길을 끌었다. 시골 마을 출신의 자매와 그 각각의 친구가 한 팀을 이루어 세계 최강팀을 연이어 꺾는 모습이 수많은 사람에게 감동과 용기를 선사했다. 그리고 스킵(주장 격)인 김은정 선수가 경기 내내 부르짖던 다양한 리듬과 길이의 "영미(야)~"라는 외침은 큰 화제가 되었다. 각종 소셜네트워크가 '영미'로 뜨거워졌고 외신들도 이를 흥미롭게 다루었다.

여기서 재미있는 질문을 하나 던져보자. 한국 여자 컬링팀의 대명

사처럼 된 '영미야'는 지식재산 보호의 대상이 될 수 있을까? 정답은 '그렇다'이다. 앞에서 스포츠 선수들이 펼친 경기 그 자체는 계약에 의해 구단, 협회 등이 소유·관리하고 올림픽의 경우 IOC가 독점 행사한다고 말했었다. 그런데 경기와 필연적 연관이 없는 선수들의 개인적 포즈나 구호, 세레머니 등은 이와는 다르게 본다. 해당 개인에 속한다고 보는 게 일반적이다. 즉 선수들의 독특한 포즈와 슬로건, 개인적 표현에 대한 절대적인 권리를 존중하지 않고, 승인 없이 상업적 용도로 사용하는 것은 명백한 지식재산권 위반이 된다.

자메이카의 육상 영웅 우사인 볼트의 '번개 세레머니'와 '세계로 가자Bolt to the world'는 슬로건, NBA의 전설적 스타 마이클 조던의 '점프 맨' 자세, 수영 황제 마이클 펠프스의 MP 로고, 영국 럭비 스타 조니 윌킨슨의 독특한 포즈 등은 상표법에 의해 철저하게 보호받아 왔다. '영미야'도 이와 마찬가지로 대우를 받을 수 있다. 만약 '영미야'가 상업적 목적으로 이용되면서도 고유의 권리로 보호받지 못한다면 한국의 TV는 '영미야'를 앞세운 광고로 넘쳐날 것이다.

반론도 나올 수 있다. '영미'는 한국에서 흔하디흔한 이름인데, 마음껏 부를 수도 없느냐고 항변할 수 있다. 하지만 상업적 의도가 없는 일상 상황에서 '영미야~'를 외치거나 흉내 내는 건 전혀 법적 문제가 되지 않는다. 또한 상업적 활용에서도 '영미야~'의 독특한 정황을 이용하려는 의도가 없다면 '영미'라는 이름이 나와도 상관

없다. 반대로 '영미야~' 대신 '영수야~'로 바꾸더라도 '영미야~'의 고유한 특성과 음절을 침범하면 문제가 될 수 있다. 보편적 상식의 눈은 이를 쉽게 판단할 수 있기 때문이다.

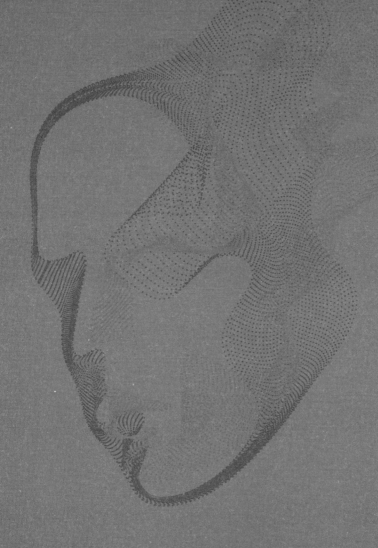

09

자영업과
지식재산권

INTELLECTUAL PROPERTY BUSINESS

이름값을
빼앗기지 않으려면

오 씨는 뉴욕에 이민 온 이후 천신만고 끝에 자리를 잡았다. 그의 '오서방네 국수'는 시원한 국물 맛으로 교민과 현지인의 입맛을 사로잡았다. 손님이 연일 늘었고 좋은 평판이 퍼져갔다.

그러던 어느 날 오 씨는 청천벽력 같은 소식을 들었다. LA에 같은 이름의 식당이 생겼다는 것이다. 그뿐만 아니라 면과 분말수프를 포장한 제품이 '오서방네 국수'라는 라벨을 달고 팔리고 있었다. 이 제품은 한국과 일본에 수출 예정이라고 한다. LA의 김 씨가 하필 그 상호를 쓰다니, 도용이 명백해 보였다. 더 억울한 일도 생겼다. 타인의 상표를 침해했으므로 손해를 배상하고 상호를 바꾸라는 법원 명령을 받은 것이다.

쉬운 이해를 위해 가상 사례를 들어보았다. 오 씨가 이런 부당한 일을 겪지 않으려면 무엇을 해야 했을까? 연방특허청에 상호와 로고 등 '상표'를 등록하는 게 최우선이다. 해당 상표로 실제 사업을 했느냐보다는 법률적으로 상표를 등록했느냐가 기준이기 때문이다.

상표 등록은 국가 단위로 그리고 업종 카테고리별로 해야 한다. 오 씨의 경우 식당업에 대한 상표를 신청해야 한다. 미국 내에서 상표를 신청하는 경우는 크게 4가지이다. 먼저, 현재 미국 내에서 사용 중인 상표를 등록하는 방식이다. 오 씨의 경우 간판, 포장상자 등의 샘플을 제출해서 실제 사용을 증명하면 된다. 둘째, 앞으로 사용 예정인 상표를 등록할 수 있다. 오 씨가 식품 제조업에 진출하려면 해당 업종 상표 등록을 신청한 후 사용 허락을 받고 사용할 상표 샘플을 제출하면 된다. 셋째, 미국 외 나라에서 등록된 상표를 미국에서 등록 신청할 수 있다. 만약 오 씨가 한국에서 '오서방네 국수'의 상표를 등록했다면 이를 근거로 미국에서 같은 상표를 등록할 수 있다. 넷째로 미국 이외의 나라에서 상표 등록 신청 중인 사실을 근거로 상표 등록을 할 수 있다. 이때 상표 출원 중이라는 근거 서류를 내면 된다.

하지만 등록하고 싶은 모든 상표를 등록할 수 있는 건 아니다. 등록하려는 상표와 똑같거나 꽤 비슷한 상표가 기존에 등록되어

있다면 불가능하다. 상표 등록 전에 미리 상세히 검색하는 과정이
필요하다. 연방특허청 웹사이트ₓₓₓ.uspto.gov/trademark에서 무료로 진
행할 수 있다. 여기에서는 업종별로 기존 등록된Registered 상표뿐 아
니라 신청Pending, 말소Dead, 포기Abandoned 상표 내역을 제공한다. 등록
하고자 하는 상표를 검색했을 때 "Sorry, No results were found
for your query"라고 나오면 같은 상표가 없다는 뜻이다. 그러나 이
것으로 충분하지 않다. 똑같지는 않지만 비슷한 상표가 존재할 수
있기 때문이다. 그러므로 상세하고 전문적인 검색을 병행해야 하
는 게 바람직하다. 등록 신청된 상표는 다른 상표와 혼동 가능성이
없다고 판단될 때 통과되고 상표증이 발급된다.

상표 등록은 피땀 흘려 만들어낸 이름값을 지키기 위한 최소한
의 절차이다. 억울한 불운을 피하고 사업의 확장을 기대한다면 반
드시 점검해보아야 할 것이다.

세계로 뻗어가는
첫 단계

오 사장은 뉴욕에서 '오서방네 국수집'을 성공적으로 운영 중이다. 미국에서 상표 등록을 해서 도용의 염려 없이 이름값을 지키게 되었고 사업도 확장 일로에 있다. 요즘은 담대한 계획을 품게 되었다. 레스토랑 체인 사업과 면·분말스프를 포장한 제품 사업을 세계무대로 확장하고 싶은 생각이 든 것이다.

우선적인 관심사는 한국이다. 한국식 음식인 만큼 한국에 진출하는 게 당연해 보였고, 교포들 사이에 유명하니 한국에서 상표 도용이 일어날 가능성도 걱정스러웠다. 일본과 중국 시장에도 관심이 컸다. 그의 레스토랑과 국수 제품은 적어도 동아시아에서는 충분히 성공 가능성이 있다는 평가를 받았다. 그리고 장기적으로는 유럽 시장에도 진출하려는 의지가 불타올랐다.

세계 시장 진출의 비전이 생기자 가능성이 조금이라도 있는 나라들에 상표 등록부터 해야겠다는 계획이 생겼다. 그러자 번거롭고 짜증스러운 느낌이 일었다. 상표권 등록은 국가별로 해야 하는데, 미국에서 밟았던 상표 등록 절차를 외국 특허청을 대상으로 하나하나 진행하는 게 엄두가 나지 않았다. 변호사 사무실에 위임하더라도 엄청난 비용이 들 것이 분명했다. 기왕 외국에 상표 등록을 하는 김에 한꺼번에 해두는 게 좋을 듯한데, 여기에 들어갈 시간과 노력, 비용이 걱정스러웠다. 오 사장의 고민을 해결할 방법은 없을까?

오 사장은 '마드리드 시스템'에 의한 국제상표등록제도의 도움을 받을 수 있다. 공식 명칭은 '표장의 국제등록에 관한 마드리드 협정 Madrid Agreement Concerning the International Registration of Marks'이다. 한마디로 상표에 관한 '다국가 1출원 시스템'이다.

자국에서 출원하거나 등록한 상표가 있으면 이것을 기초로 하여 하나의 언어로 작성된 하나의 국제 출원을 자국 관청에 제출하는 방식이다. 한 번 수수료를 납부하고 하나의 번호로 된 국제 등록을 획득함으로써 다수 국가에서 상표 보호를 받을 수 있다. 이것은 개별 국가 특허청(상표 관련 관청)에 일일이 상표 출원을 하고 수수료를 납부하여 상표를 등록하는 것과 마찬가지의 효과가 있다.

오 사장이 미국에서 영어로 된 출원서를 작성하고 마드리드 시스템의 출원 절차를 밟고 수수료를 납부하면 국제사무국에서 개별 국가 상표 등록을 대행함으로써 각국마다 출원서를 내고 출원 절차를 밟는 것과 마찬가지의 효과를 얻게 된다. 회원국은 98개국인데 지식재산권 개념이 있는 문명국은 모두 가입되어 있다.

또한 상표권 관리도 매우 편리하다. 명의 변경, 주소 변경, 갱신, 상표권의 양도 등 변동 사항이 있을 때 국제사무국에 한 번 신청하면 국제등록부에 기록되고, 국제사무국에서 각 지정국 관청에 통보해준다. 따라서 지정국 관청에 개별적으로 변경 신청을 하지 않아도 된다.

비즈니스에 국경이라는 장벽이 사라진 지 오래다. 어디서 무엇을 하든지 세계인을 고객으로 삼고 세계와 경쟁하는 세상이다. 시골 마을의 작은 가게가 세계적인 체인으로 성장하는 일이 충분히 가능하다. 그런 멋진 일이 펼쳐지는데 상표 문제가 장애가 되어서는 안 된다. 사업을 하는 분이라면 마드리드 시스템을 통한 국제 상표 등록에 관심을 두기를 바란다.

생김새의 지식재산권,
트레이드 드레스

뉴욕에서 오서방네 국수집을 열어 큰 성공을 거둔 오 사장은 사업 혁신을 위한 계획을 세웠다. 아시아 음식을 서구적 분위기의 레스토랑에서 서비스함으로써 독특함을 선사하려 했다. 이를 위해 유명한 레스토랑 한 곳을 벤치마킹하여 간판, 내부 배치, 종업원 유니폼 등을 새롭게 할 생각이다. 그리고 코카콜라병 모양의 용기에 수정과를 넣어서 판매한다는 구상도 했다. 자문 변호사에게 이 계획을 이야기했더니 듣자마자 펄쩍 뛰었다. "큰일 치를 뻔했다"는 것이다.

오 사장은 의문이 일었다. 조리 비법이나 상표 등 명백한 지식재산권을 침해하는 게 아니라, 단지 레스토랑 분위기를 모방하는 것조차 안 된다는 건 납득이 가질 않았다. 변호사는 '트레이드 드레스_{Trade Dress}'라는 새로운 개념에 대해 들려주었다. 그제야 오 사장은 고개를 끄덕였다.

트레이드 드레스는 한마디로 '제품 외형에 관한 지식재산권'이다. 제품 자체나 포장의 고유한 색상, 모양, 크기 등을 보호하는 것이다. 코카콜라병의 독특한 모양이 대표적이다. 여성의 몸매와 비슷한 독창적 병 모양은 코카콜라를 다른 제품과 구별짓는 강력한 표징이 된다. 만약 오 사장이 무턱대고 수정과를 코카콜라병 모양의 용기에 담아 팔았다면, 그는 거액의 소송에 걸렸을 것이다.

트레이드 드레스는 제품의 외양이라는 점에서 상호나 상표 모양에 한정된 단순 상표권과는 다르다. 디자인 지식재산권(주로 특허)과도 다르다. 디자인은 기능적 측면이 강조되지만, 트레이드 드레스는 제품 외관 장식에 집중된다. 제품이 아니더라도 트레이드 드레스가 적용된다. 레스토랑이라면 매장 외부, 내부 설계, 테이블 등의 색상과 배치, 종업원 유니폼 등 외형적 이미지가 대상이 된다. 이에 관해서는 '투 페소스 vs. 타코 카바나_{Two Pesos vs. Taco Cabana}' 판례가 유명하다.

애플이 삼성에 대해 소송을 건 내용 중에도 트레이드 드레스가 포함된다. 갤럭시가 아이폰의 둥근 모서리의 직사각형 모양, 앞면의 직사각형 테두리, 앞면 윗부분의 스피커 모양 등을 모방함으로써 소비자가 아이폰과 갤럭시를 혼동하게 했다는 것이다.

트레이드 드레스는 3가지의 적용 요건을 갖추어야 한다. 첫째, 기능적 필연성이 없어야 한다. 그 제품의 기능을 위해 자연스럽게 선택되는 외관이라면 보호받지 못한다. 예를 들어 둥글고 긴 원통형이나 팔각형의 연필 등은 해당하지 않는다. 둘째, 식별성이 있어야 한다. 독창적이거나 오랫동안 대중의 뇌리에 박혀 그 외관과 해당 제품이 연관되어야 한다. 셋째, 혼동 가능성이다. 보통 사람이 원제품과 흉내 낸 제품을 헷갈릴 소지가 있어야 한다는 말이다. 요약하자면 보통 사람이 비슷한 외형에 현혹되어 엉뚱한 제품을 선택하지 않도록 하는 게 트레이드 드레스의 취지이다.

사업을 하면서 다른 회사 제품이나 매장의 외형을 함부로 흉내 내지 않아야 한다. 그리고 힘들게 만든 내 제품이나 매장의 이미지가 도둑맞지 않도록 준비해야 한다. 트레이드 드레스는 꼭 등록하지 않아도 보호를 받을 수 있지만, 미리 등록해두면 더욱 안전하다. 연방특허청에 트레이드 드레스를 등록할 수 있다.

타코 카바나

투 페소스

레스토랑 타코 카바나는 투 페소스가 자신의 독특한 매장과 간판 외양을 모방하여 상표권을 침해했다고 소송을 걸어서 승소했다.

레시피와
지식재산권

2019년 초 〈극한직업〉이라는 형사 코미디 영화가 한국 극장가를 휩쓸었다. 무려 1,500만 명이 이 영화를 보았다. 영화에 등장하는 '수원 왕갈비 치킨'이라는 독특한 메뉴도 눈길을 끌었다. 영화 흥행과 함께 이와 비슷한 메뉴를 개발했던 식당이 문전성시의 대박을 터뜨렸고 갈비 양념에 버무린 치킨이 크게 유행하기도 했다. 그렇다면 '수원 왕갈비 치킨'은 지식재산권을 행사할 수 있을까? 바꾸어 말해 요리 레시피에 대해 지식재산권을 주장할 수 있을까? 간단히 답하자면 그럴 수 없다. 요리 레시피는 지식재산권이 존재하지 않는다.

지식재산권은 아이디어와 표현을 구분The Idea-Expression Dichotomy 한다. 표현은 지식재산권을 인정하지만, 아이디어는 지식재산권을 인정하지 않는다. 요리의 재료, 조리 방법과 순서 등의 레시피는 아이디어로 간주되므로 지식재산권 보호 대상이 아니다. 그 대신 요리 장면을 담은 동영상은 영상 저작물로, 조리 과정과 완성된 요리를 찍은 사진은 사진 저작물로, 요리책은 어문 저작물로 보호받는다. 유형의 창작물로 '표현'되어야 지식재산권이 존재한다.

여기서 의문이 하나 생긴다. 숱한 시간과 노력을 기울여 새로운 요리를 만들고도 다른 사람이 베끼는 것을 방지할 수 없는가? 꼭 그렇지는 않다. 다른 형태의 보호 장치가 있다. 대표적인 것이 '특허'이다. 재료 가공 방법, 조리 도구, 조리 순서, 조리 방법 등을 특허로 등록하여 보호받을 수 있다. 하지만 모든 조리법이 특허가 되는 것은 아니다. 특허의 요건을 갖추어야 한다. 미국 특허법은 '새롭고 유용하며 자명하지 않은' 것만을 대상으로 한다. 한국 특허법은 '산업상 이용 가능성, 신규성, 진보성'을 요건으로 삼는다. 말하자면 기존에 존재하지 않으며, 일반적인 수준의 지식으로 쉽게 고안할 수 없고, 실제 이용할 수 있어야 한다.

'영업비밀'로도 레시피를 보호받을 수 있다. 다른 사람이 부정하게 사업 비밀을 취득하거나 이용할 수 없도록 규정된 법률을 이용하는 것이다. 쉽게 드러나지 않는 비법을 보유했을 때 유용한 방법이다. 예를 들어 '코카콜라'는 특허를 보유하지 않았다. 그 대신 콜라 맛을 결정하는 재료 배합 비율을 130년 넘게 영업비밀로 지키고 있다. 극소수 임원만이 그 비법을 알 뿐이다. 코카콜라는 일정 기간이 지나면 공개해야 하는 특허가 아니라 공개 의무가 없는 영업비밀로써 자기 레시피를 보호하고 있다.

레시피를 상표와 연결하는 방법도 있다. 독특한 조리법의 요리를 상표로 만들면 대중에게 차별성을 인식시키는 효과가 있다. 상표는 기존 상표를 모방하지 않고 자신을 부각하는 독특성이 있어야 한다. 앞에 예를 들었던 '수원 왕갈비 치킨'도 영화 흥행 후 누군가에 의해 상표 출원이 되었다. 하지만 이는 기각될 가능성이 매우 크다. 지명과 이미 알려진 음식 이름을 결합한 일반적인 이름이라 식별 기능이 없기 때문이다.

요컨대 레시피 그 자체는 지식재산권으로 보호받을 수 없다. 하지만 특허, 영업비밀, 상표권 등으로써 지킬 수 있다. 각자의 상황에 따라 보호 장치를 선택하면 된다. 물론 이때는 특허, 영업비밀, 상표권 각각의 요건에 충실해야 한다.

작품 속 공간을
재현하고 싶을 때

영화 〈기생충〉이 작품상을 비롯해 4개 부문의 오스카상 트로피를 거머쥔 것은 한국 문화예술 역량을 전 세계에 보여준 쾌거이다. 이후 〈기생충〉은 미국에서 흥행몰이에 나섰다. 그런데 영화를 본 미국인들은 '반지하'라는 한국 특유의 서민 주거 형태에 흥미를 보였다. 한 지인은 여기에서 가능성을 발견했다. 코로나-19가 진정되면 〈기생충〉에 등장하는 반지하 주택을 재현해 카페 형태로 운영하면서 현지인에게는 독특함을, 교민에게는 추억을 제공하고 싶은데 법률적 문제가 없는지 문의했다.

나는 2가지 위험성을 조언했다. 먼저 상표권이다. 계획한 카페를 열어서 영업하려면 〈기생충〉이라는 타이틀을 사용하게 될 가능성이 크다. 상표권을 침해할 확률이 높다는 것이다. 그리고 영화 세트는 건축 저작물인데 이를 침해하게 된다고 지적했다. 지인이 자신이 계획한 카페를 열려면 영화 지식재산권자로부터 상표권과 건축물 지식재산권 이용에 대해 허락을 받아야 한다. 하지만 그 절차와 비용이 만만찮을 것으로 보여 뜻을 접고 말았다.

우리는 영화나 TV 드라마를 보면서 멋진 공간을 접하곤 한다. 허름하지만 토속적 분위기의 주점, 이국적 향취가 가득한 해변의 카페, 현대적 세련미가 넘쳐나는 옷가게, 전통과 지성이 어우러진 도서관 등을 보면서 저 공간을 내가 운영하는 매장에 그대로 옮기고 싶을 때가 있다. 이때 지식재산권 사용 허락을 받아야 할까? 그 범위는 어떻게 될까?

건물 내외부, 즉 건축물과 인테리어 디자인은 모두 지식재산권이 적용된다. 일반적이고 기능적인 부분 외에 독특하게 창조된 영역은 지식재산권 보호 대상이다. 따라서 스크린샷을 보고 베끼듯 재현한다면 지식재산권 침해 소지가 크다. 하지만 특정한 소품 사용, 가구 배치 방식, 내외부 색상 등은 아이디어에 해당하므로 차용해도 무방하다. 창작된 요소를 그대로 가져오지 않고 전체적인 분위기를 비슷하게 만드는 것도 사실상 괜찮다. 그런데 매장 내외부에 그 영화나 드라마의 타이틀을 사용한다면 디자인 차용 여부와 관계없이 상표권 침해 문제를 일으킬 수 있음에 유의해야 한다.

영화나 드라마의 공간이 세트일 때는 영화사 쪽에 지식재산권이 속할 가능성이 크다. 그런데 실제 존재하고 영업하는 장소에서 촬영하는 경우도 꽤 많다. 이때는 그 매장이 지식재산권자가 된다. 아무래도 영화 세트보다는 실제 매장이 지식재산권 침해에 더 민감할 가능성이 크다. 이런 점도 자세히 살펴볼 필요가 있다.

그렇다면 소설 속에 묘사된 공간을 실제로 옮기는 경우는 어떨까? 소설을 글이 아닌 다른 형태로 재현한다고 해서 지식재산권으로부터 자유롭지는 않다. 소설의 인물, 스토리, 설정, 세계관 등을 지식재산권자 허락 없이 영화나 게임에 옮긴다면 이는 명백한 지식재산권 침해이다. 마찬가지로 소설가가 정교하게 구상한 건축물이나 인테리어의 콘셉트와 설계를 그대로 따른다면 지식재산권 침해 소지가 있다. 하지만 실제 이런 경우는 드물다. 대개는 영감을 제공하는 데 그친다. 따라서 소설 속의 공간을 재현할 때는 지식재산권에서 비교적 자유롭다고 하겠다.

작품 속에 구현된 멋진 공간을 내 사업장에서 재현하고 싶다면 지식재산권에 예민해야 한다. 그렇지 않으면 애써 이룬 사업이 위험에 빠질 수도 있다.

맛과 향기에도
지식재산권이 있을까?

인간의 오감을 모두 자극하는 요리는 종합 예술로 불린다. 요리의 핵심은 '맛'이다. 미식의 시대를 사는 우리는 독특한 맛을 즐기기 위해 긴 줄을 서는 번거로움을 마다하지 않으며 심지어는 장거리 여행에 나서기도 한다. 그런데 이런 탁월한 맛들에 지식재산권이 부여될 수 있을까? 맛의 지식재산권을 다루는 흥미진진한 재판이 진행된 적이 있다.

네덜란드의 치즈 제조사 레볼라 헹엘로Levola Hengelo는 경쟁사인 슈밀드 푸드Smilde Foods를 대상으로 지식재산권 침해 소송을 제기했다. 슈밀드의 위테 위븐카스Witte Wievenkaas 치즈가 자사의 치즈 제품 헥시카스HEKS'NKAAS 맛을 무단으로 도용했다는 것이다.

레볼라 헹엘로는 음식은 일종의 매체이며 여기에 담긴 '맛' 역시 창의적인 표현에 해당한다고 주장했다. 그리고 EU가 제품의 질감에 대해 지식재산권을 인정한 사례를 들며 맛에 대한 지식재산권 보호를 주장했다. 반면 슈밀드는 맛은 객관적인 실체가 없어 누가, 언제, 어디서, 어떤 방법으로 먹느냐에 따라 달라진다고 하며 창조성을 부정했다.

네덜란드 법원은 다소 모호한 판결을 했다. 맛에 대해 지식재산권을 부여할 여지가 있지만, 레볼라 헹엘로가 지식재산권을 소유했다는 분명한 증거가 없다고 했다. 레볼라 헹엘로는 이에 불복했고 이 사건은 유럽 최고 법원인 유럽사법재판소ECJ의 판결을 기다리게 되었다. 2018년 11월 13일 역사적인 결정이 나왔다.

결론은 맛에 대해 지식재산권을 인정할 수 없다는 것이다. "문학, 회화, 영화, 음악 등과 달리 음식의 맛은 객관적이고 세밀하게 판별할 수 없다"는 이유였다. 또한 "맛보는 사람, 나이, 음식에 대한 선호도, 환경, 먹을 때 상황에 따라 다르다"고 덧붙였다.

맛에 대한 지식재산권을 인정하지 않는 것이 공식적인 판례라 정리할 수 있다. 그렇다면 향기는 어떨까? 여기에 대한 판례도 있다. 2006년 5월 프랑스의 유명 화장품 회사 랑콤이 자사의 향수 제품 트레조의 향기 지식재산권을 침해당했다며 경쟁사를 대상으로 소송을 걸었다. 결과는 패소였다. 2013년 12월 프랑스 민사 최고 법원은 "향기는 지식재산권법이 규정하는 창작물이 아니며, 명확하게 식별할 수 없기에 지식재산권을 인정할 수 없다"고 판결했다.

맛과 향기는 저작물로 인정받지 못한다. 베른협약에서도 맛과 향기를 저작물로 지정하지 않고 있다. 따라서 비슷한 맛과 향기를 가진 제품이 나오더라도 지식재산권 침해를 인정받을 수 없다. 하지만 명백하게 식별할 수 있는 경우라면 다르다. 음식과 향수의 제조 기법 등이 특허 등록되었는데 이를 도용했다면 지식재산권 위반이다. 맛과 향기 그 자체에 관한 것이 아니라 특허에 대한 침해가 된다. 제품명, 디자인, 용기 등을 도용하는 경우도 마찬가지다. 만약 창조적 맛이나 향기를 도둑맞았다고 느낀다면 독특한 제조 기법이 도용되었음을 밝히는 것이 현재로서는 유일한 해결책이다.

하지만 상황은 얼마든지 달라질 수 있다. 과학기술 발전에 따라 맛과 향기의 고유성을 식별할 수 있는 시대가 열린다면 창조물로서 맛과 향기가 지식재산권을 행사할 날도 오지 않을까.

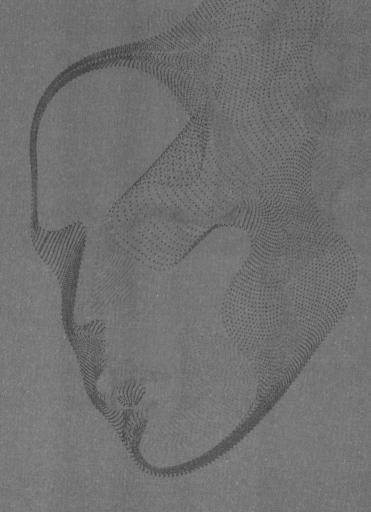

10

지식재산권
실무

INTELLECTUAL PROPERTY BUSINESS

빈곤한 지식재산권 대응이
재앙을 불러온다

2020년 하계올림픽 개최지는 도쿄로 예정되어 있었다. 그러나 코로나-19로 연기되었고, 2021년 개최도 확실하지 않다. 개최국 일본과 개최 도시 도쿄는 올림픽을 연기하지 않으려고 갖은 애를 썼었다. 하지만 팬데믹을 꺾을 수는 없었다.

일본의 도쿄올림픽과 관련한 불행은 이것만이 아니다. 그 준비 과정은 시작부터 불명예와 수치를 안았다. 올림픽 엠블럼의 지식재산권 침해 문제 때문이다. 올림픽 개최를 5년 앞둔 2015년, 도쿄올림픽조직위원회는 대회 엠블럼을 발표했다. 일본의 유명 디자이너 사노 겐지로의 작품이었는데 알파벳 'T'를 응용한 매력적인 상징물로 보였다.

그런데 벨기에의 디자이너 올리비에 도비가 표절을 문제 삼으며 사용 금지를 신청했다. 자신이 2013년에 디자인한 극장의 로고와 매우 비슷하다는 이유였다. 보통 사람이 보기에도 이 두 도안은 너무나 닮았다. 사건이 불거진 직후 도쿄올림픽조직위원회와 디자이너 사노 겐지로는 표절을 극구 부인하면서 엠블럼을 계속 사용할 뜻을 내비쳤다. 그러나 여러 사실이 드러나고 여론이 극도로 나빠지면서 상황은 걷잡을 수 없이 악화되었다.

표절이 아님을 증명하기 위해 공개한 엠블럼의 초기 원안조차도 유명 타이포그래피 디자이너의 도안을 베낀 것처럼 보였고, 사노 겐지로와 그의 디자인 회사가 평소 대수롭지 않게 지식재산권 침해를 일삼았음이 드러난 것이다. 디자인업계와 올림픽조직위원회의 유착 관계도 의혹의 대상이 되었다. 스캔들과 진통 끝에 사노 겐지로의 엠블럼은 폐기되었다. 도쿄올림픽조직위원회는 원점에서 다시 출발해야 했다. 결국, 일반 공모 방식을 통해 2016년 4월에 새로운 엠블럼을 발표하게 되었다. 이 사건은 세계적 축제 준비의 열기에 찬물을 끼얹었으며 일본인의 자긍심에 깊은 상처를 주었다. 엠블럼 변경으로 인한 손실과 기회비용 상실도 적지 않았다.

나는 이 사건이 빈곤한 지식재산권 감수성 때문에 비롯되었다고 본다. 창작 행위를 직업으로 삼은 디자이너, 그것도 거물급 디자이너라면 당연히 지식재산권 감수성이 예민해야 한다. 하지만 그러지 못했다. 평소에도 사소한 지식재산권 침해를 일삼았던 디자이너는 국가 중대사에 막대한 지장을 초래하고 말았다. 도쿄올림픽조직위원회 역시 지식재산권 감수성이 너무나 부족했다. 엠블럼을 채택할 때 세밀하게 조사하는 과정을 생략했다. 공개하고 검증하는 대신 몇몇 전문가가 밀실에서 결정하는 방식을 선택한 것이다. 표절 문제가 불거진 이후 초기 대응도 미숙했다. 변명을 늘어놓으며 책임을 회피하는 데 급급했다. 그때라도 사안의 심각성을 인지하고 전향적 태도를 보였어야 했다. 그래야 조금이라도 상처와 손실을 줄이며 명예를 지킬 수 있었을 것이다.

국가나 지역 단위의 큰일이든, 기업 단위의 프로젝트이든 중요한 일의 추진 과정에는 여러 위험한 변수가 작용한다. 지식재산권 문제는 대표적이다. 작은 허점이 치명적인 위기를 불러올 수도 있다. 현대는 초공개, 초연결 사회이다. 사소한 지식재산권 침해라도 곧바로 드러난다. 아무리 미미한 영역이라도 지식재산권 침해는 절대 금물이다. 심지어 오해 가능성마저 피해야 한다. 변명으로 해결할 수 없기에 적당히 넘어가려 해서도 안 된다. 만약 실수가 생겼다면 즉시 인정하고 투명한 해결 절차를 밟아야 한다. 빈곤한 지식재산권 감수성은 재앙을 불러온다. 큰일을 잘하고 싶다면 지식재산권 문제에 예민해지자.

처음 발표되었던 도쿄올림픽 엠블럼은 표절 의혹에 빠져 취소되었다. 그림 왼쪽은 초기 도쿄 올림픽 엘블럼이고 오른쪽은 올리비에 도비가 디자인한 극장 간판이다.

지식재산권 관리 매뉴얼이 있습니까?

한국의 대표적인 진보 정당에서 제작·배포한 홍보 영상이 사회적 비판의 도마에 올랐다. 애니메이션 형식의 이 동영상은 일본 유명 작가의 광고물을 거의 그대로 베낀 것이다. 홍보를 위해 만든 영상이 오히려 이미지를 실추시키는 역설적 결과를 가져온 셈이다. 시스템을 갖춘 공적 기구에서 어떻게 이런 어처구니없는 일이 일어날 수 있는지 납득하지 못하는 사람도 많다. 하지만 지식재산권을 다루는 변호사로서 다양한 현장을 접해보면 이런 사례가 매우 특수한 경우가 아님을 잘 알 수 있다.

개인은 물론이고 기업이나 공공기관, 심지어 정부 차원에서도 지식재산권 고려와 대응이 매우 서툰 곳이 많다. 우선 지식재산권에 대한 법률적, 도덕적 감수성이 다른 분야에 비해 매우 취약하다. 별일 아니라고 여긴다. 지식재산권과 직접 연계되는 비즈니스를 하지 않으면 자신이나 자신의 조직과는 상관이 없는 일로 치부하는 분들도 뜻밖에 많다. 지식재산권 관련 지식이 매우 부족한 것은 말할 것도 없다. 당연히 실무상 관리를 치밀하게 하지 않는다.

이런 부주의와 태만은 때로는 엄청난 결과를 불러온다. 세계 최고 수준의 하이테크 제품을 개발해내는 지적 기업이 상품 포장지나 광고에 사용한 폰트 등 아주 사소한 부분에서 지식재산권을 침해하여 창피를 당하고 물지 않아도 되는 보상 비용을 허비하는 일이 비일비재하다. 일본에서는 올림픽 엠블럼에서 지식재산권 침해 문제가 발생해 준비에 차질을 빚고 국가적 자존심이 손상당하는 일도 있었다.

나는 고객들에게 지식재산권 관리 매뉴얼을 도입하고 구성원들과 공유할 것을 권한다. 조직의 업무 영역에서 지식재산권과 관련된 사항을 파악하여 총망라하고, 침해 여부를 점검하는 체크리스트는 기본이다. 여기에 침해 가능성을 차단하는 구체적인 방안을 덧붙여야 한다. 지식재산권 침해 행위를 한 사람에 대한 엄격한 징계 규정도 마련해두어야 한다. 이와 함께 조직의 지적 창작물의 지식재산권 침해 여부를 공개 이전에 점검하는 절차를 마련하는 것이 바람직하다. 적극적 관점에서는 지식재산권 침해를 당하지 않도록 대비하는 과정이 포함되어야 하고, 지식재산권 침해 문제를 겪었을 때 대응 실무에 대해서도 미리 규정해두는 게 좋다.

베낀 홍보 영상을 내놓았다가 망신을 당한 정당에서는 마감에 쫓긴 실무자가 최악의 선택을 했다고 한다. 업무 일정을 지키기 위해 지식재산권 침해를 한다는 것은 중요도의 역진이다. 조직 내 우선순위가 충분히 공유되지 않았고 관행으로 정착되지 않았다고 볼 수 있다. 더욱이 이것을 확인하고 걸러낼 절차와 장치 없이 그대로 노출되었다. 예정된 참사이다.

이 정당에 지식재산권 관리 매뉴얼이 있는지 잘 모르겠다. 아마 없을 것이다. 설령 존재한다 하더라도 그것은 사문화된 종잇조각에 지나지 않았을 것이다. 짐작하건대 정당의 일상 업무가 지식재산권 이슈와 연관성이 높지 않다고 여겼을 것 같다. 하지만 현대 사회에서 지식재산권과 연계되지 않는 업무는 거의 존재하지 않는다. 레스토랑에서 무심히 흘러나오는 음악도 지식재산권 관리의 대상이 아닌가.

지금 당장, 간단한 수준이라도 지식재산권 관리 매뉴얼을 작성해보기 바란다. 매뉴얼을 만들어가는 과정에서도 엄청난 것을 배우게 될 것이다.

지식재산권
통합 관리 시스템

미디어 산업에서는 여러 명의 저작물을 한데 모아서 편집물을 만들 때가 있다. 예를 들어 산업화 시대 한국의 대표 시들을 모은 시집을 출간하려면 수십 명의 시인의 수십 편의 시를 다루어야 할 것이다. '한국 애창 가요 모음' 같은 음반을 기획할 때도 똑같다.

이럴 때 지식재산권 업무를 어떻게 처리할까? 수십 명의 지식재산권자와 일일이 연락해서 허락을 받거나 계약을 하고 각각 지식재산권 이용료를 지급해야 할까? 원칙적으로는 이것이 옳다. 하지만 몹시 번거롭다. 꼭 이렇게 해야 한다면 매장에서 매일 수백 곡의 음악을 틀어주는 카페는 지식재산권 담당자를 따로 고용해야 할 것이다. 한국식 노래방에서는 고객이 부르는 노래 한 곡당 작곡가, 작사가 등과 일일이 지식재산권 계약을 해야 한다. 영업이 불가능하다.

이런 불편함은 지식재산권자 역시 똑같다. 창작자들은 "작가님 ○○○ 시를 게재하고 싶은데 조건을 협의해주시겠습니까?" "저희 카페에서 작곡가님의 노래를 틀고 싶은데 어떻게 할까요?" 등과 같은 내용의 전화를 받느라 수화기에 불이 날 지경일 것이다. 지식재산권 문의와 계약이 빈번하지 않더라도 조건을 협의하고 계약을 진행하는 것은 여간 귀찮은 일이 아니다.

지식재산권자와 지식재산권 이용자의 이러한 수고와 불편을 줄이기 위해 존재하는 것이 '지식재산권 통합 관리 시스템'이다. 문학 작품, 대중가요, 회화, 사진 작품 등 각 창작 영역별로 작가로부터 지식재산권 관리를 위임받아 통합해서 관리하며 계약, 대금 징수와 지급 등을 전담하는 기관을 따로 두는 것이다. 예를 들어 '한국 시 여행'이라는 웹사이트를 만들어 여러 시 작품을 합법적으로 게재하고 싶은 사람이 있다면 '한국문예학술저작권협회' 사이트에 접속하여 이 기관이 지식재산권 관리를 위임받은 시 목록을 살펴본 후 원하는 시를 일괄 계약하고 미리 정한 금액을 내면 된다. 이 금액은 계약 조건에 따라 지식재산권 관리 기관에서 작가에게로 전달된다. 조금씩 차이는 있지만 대부분 이런 경로를 통해 일상적인 지식재산권 계약이 이루어진다.

그런데 이 지식재산권 통합 관리 시스템은 국가에 따라 운용 방식이 크게 다르다. 한국과 미국의 차이가 대표적이다. 한국의 지식 재산권 통합 관리 시스템은 폐쇄적인 특징이 있다. 한 창작물이 한 곳의 시스템에 등재되고 같은 장르의 창작물을 관리하는 기관이 단 한 곳만 있는 경우가 많다. 반면에 미국의 지식재산권 통합 관리 시스템은 개방적이다. 한 저작물이 여러 곳의 통합 관리 시스템에 등록되는 경우가 허다하며 특정 장르에서 독점적으로 지식재산권 을 관리하는 '힘 있는' 기관이 따로 없다. 폐쇄적인 지식재산권 관 리 시스템은 좀 더 안전하고 엄격한 관리가 이루어지지만 해당 기 관이 힘을 갖게 되어 창작자에게 불리할 수도 있다. 개방적인 지식 재산권 관리 시스템은 관리가 다소 산만하고 불안정할 수 있지만 창작자가 협상력을 발휘하기에 더 유리한 측면이 있다. 현대의 지식 재산권 통합 관리 시스템은 폐쇄형과 개방형의 장점을 취합할 수 있도록 보완이 이루어지고 있다.

작은 규모나 빈번하게 지식재산권을 확보하고자 할 때, 창작물 저작권 직접 계약의 번거로움을 피하고 싶을 때는 지식재산권 통 합 관리 시스템의 도움을 받는 게 여러모로 합리적일 것이다.

내 블로그에는
훔쳐온 것들이 없는가?

뉴욕에서 레스토랑을 하는 오 씨는 현지 로펌으로부터 전화 한 통을 받고 시름에 잠겼다. 오 씨가 그 로펌 고객의 저작권을 침해했다는 것이었다. 발단은 오 씨의 블로그였다. 오 씨는 레스토랑 홍보도 할 겸 개인 관심사도 공유할 겸 블로그를 운영해오고 있다. 최근에 좋아하는 록밴드의 사진 몇 장과 연주곡 몇 곡을 올려두었는데 그것이 문제가 되었다.

오 씨는 억울한 마음이었다. 사진은 록밴드의 웹사이트에서 쉽게 복사할 수 있는 것들이고, 음악도 오 씨가 MP3 파일로 구매한 것을 올렸다. 상업적으로 판매한 것도 아니고, 블로그 방문자들과 좋은 것을 나누기 위함이었는데, 무시무시하게 저작권 침해라니….

하지만 오 씨는 문제가 된 사진과 음악 파일을 즉시 내렸다. 그리고 담당 변호사와 의논하여 사과의 뜻을 밝히고 협상 후 약식 배상을 함으로써 사건을 매듭지었다. 그리고 자신의 행위가 법률적으로 그리 간단하지 않은 일임을 확실히 알게 되었다. 오 씨가 깨달은 점은 무엇일까?

오 씨는 인기 밴드의 사진을 무단으로 올림으로써 사진 촬영자의 저작권Copyright을 침해했고 사진 속 밴드 맴버들의 초상권Right of portrait도 침범했다. 즉 공들여 생산한 사진이란 예술품을 도용했으며, 자신의 이미지가 함부로 이용되지 않아야 할 유명인의 인격적, 재산적 권리를 침해한 것이다. 또한 연주곡 파일을 올림으로써 세 권리 주체의 저작권을 건드렸다. 작곡가와 작사가, 실제 연주자의 저작권이다.

오 씨의 경우처럼 단순하고 악의 없는 행동이 무시무시한 법률 위반이 될 수도 있다. 오 씨는 침해 기간이 짧고 범위가 단순함을 이해받아 그 정도로 끝날 수 있었지, 케이스가 복잡했다면 더 심각한 결과를 불러올 수도 있었을 것이다.

그렇다면 디지털 파일은 무조건 피해야 안전할까? 그렇지 않다. 글, 그림, 사진, 음악, 동영상 등 모든 콘텐츠가 디지털로 유통되는 시대에 그럴 수는 없다. 범위를 잘 알아야 한다. 개인이 자신만의 용도로 파일을 카피해서 보관하거나 이용하는 경우는 괜찮다. 하지만 그것이 다른 사람, 특히 공중에게 전송Transmission된다면 저작권 위반을 피하기 어렵다.

블로그 등 웹사이트를 근사하게 꾸미기 위해 이미지나 음악 파일이 꼭 필요할 때는 어떨까? 용도에 맞게 구매하거나, 무료Free 사용이 허가된 파일만 사용해야 한다. 무료 사진, 이미지, 음악을 제공하는 사이트들이 여럿 있으니 이를 활용하면 된다. 이때 주의할 점이 있다. 각 파일에는 사용 범위가 상세히 규정되어 있으니 그 범위 안에서만 써야 한다. 예를 들어 개인 블로그에 허락된 음악을 기업 웹사이트에 사용하면 안 된다. 엄격하고 예민한 주의가 필요하다.

우리는 블로그나 카페, 개인 웹사이트 등에 사진, 이미지, 음악, 동영상 파일 등을 올릴 때 저작권에 대해 예민하지 않을 때가 많다. 특히 손쉽게 구할 수 있는 파일이거나 상업적인 의도가 없다면 문제가 되지 않으리라 속단하곤 한다. 하지만 여기에 큰 함정이 있다. 나도 모르는 사이에 절도 행위를 할 수 있으니 말이다.

종업원의 창작물, 회사 소유인가?
개인 소유인가?

음악기획사를 운영하는 김 사장은 회사 소속의 작곡가 박 씨와 크게 다투었다. 박 씨는 독립을 결심했는데, 자신이 그동안 주도적으로 작곡해온 미발표곡들을 가지고 나가겠다고 했기 때문이다. 박 씨는 남다른 열정을 쏟아 이 곡들을 만들어왔기에 저작권이 자신에게 있다고 주장했다. 김 사장은 답답한 생각이 들었다. 박 씨가 작곡을 주로 한 것이 맞지만, 그동안 적지 않은 보수를 지급해왔고 작곡에 필요한 설비와 스태프 등을 제공했기 때문이다. 이 곡들은 회사의 재산이라는 게 김 사장의 판단이었다. 이 경우 저작권은 누구에게 있을까? 두 사람 사이에 사전 계약이 없는 보통 경우라면 회사에 저작권이 있다. 박 씨는 개인 자격이 아니라 회사 구성원으로서 급여와 지원을 받으며 작곡을 해왔기 때문이다.

그렇다면 회사는 항상 종업원 창작물의 저작권을 갖는가? 그렇지는 않다. 종업원이 해당 창작과 창작물 인계를 전제로 고용되어 일한 경우에만 그렇다. 예를 들어 신문사의 기자, 음악기획사의 작곡가, 디자인회사의 디자이너 등이 회사 업무를 통해 만들어낸 기사와 음악, 디자인 저작권은 각각 회사에 귀속된다. 주 업무가 아니라 일시적인 창작 프로젝트에 종업원이 참여한 경우도 마찬가지다.

그런데 창작이 회사가 부여한 종업원 업무가 아닌 때에는 회사의 저작권이 없다. 만약 작곡가 박 씨가 자기 업무와는 별도로 글을 썼다든가 그림을 그렸다면 회사가 이에 대한 저작권을 주장할 근거가 없다. 또한 회사와 소속된 창작자라 하더라도 회사와 저작권 소유권에 대해 별도의 계약을 맺었다면 저작권 일부분이나 전부를 자신이 행사할 수도 있다.

회사가 고용한 직원이 아니라 외부 용역Work 'made for hire'인 경우는 어떨까? 이 또한 두 주체 간의 계약에 따라 저작권 소유자가 결정된다. 일반적인 상황이라면 회사가 창작물 완성을 목표로 외부 용역을 발주한 셈이므로 저작권도 용역을 주고 비용을 치른 회사에 소속된다. 또한 독립적인 작가가 창작 활동을 위해 임시적으로 고용주와 계약을 맺고 일한 때도 마찬가지다. 저작권에 대해 계약하기 나름이지만, 대개는 고용주에게 저작권이 속한다.

여러 명이 공동 창작 Joint Work 을 했을 때의 저작권은 어떨까? 가장 대표적인 사례가 두 명 이상의 공동 저자가 책을 집필한 경우다. 이 때는 책을 쓰는 데 참여한 모든 작가가 저작권을 가질 수 있다. 각 각의 작가들은 같은 저작권료 Proceeds 를 주장할 수 있다.

저작권 소유에 관한 몇몇 쟁점 사례를 살펴보니 저작권이 일종 의 재산으로 다루어짐을 알 수 있다. 저작권은 '인격권'과 '재산권' 의 두 측면을 동시에 갖는데, 재산권으로서의 저작권은 매매의 대 상이 된다. 부동산처럼 자유롭게 사고팔 수 있다. 예를 들어 사진작 가는 그가 창작한 사진의 저작권을 일시급 lump sum 을 받고 잡지사나 사진 전문 회사에 넘길 수 있다.

회사의 소유자나 경영자로서 혹은 종업원으로서 창작에 참여할 때는 사전에 저작권에 대한 이해가 있어야 한다. 필요한 경우 사전 계약을 통해 분쟁의 소지를 줄이는 것이 바람직하다.

인터넷의
지하 세계

인터넷 검색을 하다가 뜻밖의 문서들을 접할 때가 있다. 어떤 모임의 회원 주소록 같은 개인 신상 정보가 고스란히 노출된 웹페이지나 파일 등이다. 조심스럽게 다루어야 할 정보가 어쩌다가 검색에 노출되게끔 방치했는지 의문스럽기도 하다. 이것은 폐쇄형 정보를 공개형 웹에 게시함으로써 비롯된 일이다.

우리가 구글 등의 검색 엔진을 통해 찾고 열람하는 정보는 인터넷의 작은 부분이다. 상당수 데이터는 수면 아래에서 비밀스럽게 유통된다. 예를 들어 은행의 거래 내역이나 메신저로 대화한 내용, 각종 모임 내부에서만 폐쇄적으로 다루는 정보들도 상당수 존재한다. 이런 종류의 정보가 검색되어 공개된다면 대혼란이 빚어질 것이다. 그래서 이런 폐쇄형 정보를 다루는 별도의 인터넷 세계가 존재한다.

일반적으로 검색을 통해서 노출되는 웹 영역을 표면 웹Surface Web 이라 부른다. 빙산에 비유하자면 수면 위로 솟아 있는 부분이다. 그 아래 딥 웹Deep Web이라는 거대한 영역이 존재한다. 의료 정보, 법률 문서, 재무 기록, 커뮤니티의 폐쇄 정보 등을 다룬다. 그러면 표면 웹과 딥 웹의 정보는 어떻게 구분해서 관리할 수 있을까?

먼저, 웹사이트 시스템을 통해 원천적으로 관리한다. 금융기관 등 폐쇄 정보를 다루는 사이트는 체계적인 보안망을 갖추고 있다. 공개된 웹사이트, 특히 포털 사이트의 커뮤니티 등은 사용자가 정보의 폐쇄나 개방을 선택할 수 있도록 구축되어 있다. 그 밖에 일반 웹사이트도 'robots.txt'라는 별도의 파일을 만들어두면 웹사이트 전체나 특정 웹페이지별로 검색 로봇의 접근을 차단할 수 있다.

거대한 영역의 딥 웹의 아래에는 다크 웹Dark Web이라는 것이 있다. 일반적인 검색 엔진으로는 정보를 찾을 수 없고, 심지어 보통의 웹 브라우저로는 접근조차 불가능한 영역이다. 그래서 암호화된 웹브라우저인 토르Tor 등을 통해서만 접속할 수 있다. 이 영역은 접속한 사람들의 IP가 암호화되어 추적하기가 어렵다. 그래서 마약 거래나 범죄 청부, 변태적 포르노 등의 불법 영상물 유통 등에 이용되는 경우가 많다.

하지만 다크 웹이라고 해서 범죄의 온상이기만 한 것은 아니다. 접속한 사람을 추적하기 어렵다는 특징을 활용해서 내부 고발 등 공익적 목적으로 이용되기도 한다.

인터넷상의 모든 정보가 공개되는 것은 아니다. 그래서도 안 된다. 주의를 기울이지 못한 사이에 자신이나 다른 사람의 신상 정보, 업무상 기밀이 누출될 수 있고 때로는 의도하지 않은 저작권 침해를 하게 될 수 있다는 점을 염두에 두어야 한다. 비밀이 요구되는 정보라면 딥 웹의 영역에서 처리해야 하고, 굳이 일반 웹사이트에 보관한다면 'robots.txt' 등의 장치를 통해 검색 엔진으로부터 숨겨 둘 필요가 있다.

매우 특별한 경우가 아니라면 다크 웹에는 아예 접근하지 않는 게 좋겠다. 호기심을 품고 토르를 설치해서 다크 웹에 접근했다가 제대로 구경도 못하고 바이러스와 악성 코드만 잔뜩 가져와 컴퓨터를 망가뜨리는 사람을 주변에서 여럿 보았다. 인터넷이 어떻게 형성되어 있는지 이해하는 정도로 그치기를 바란다.

인텔렉추얼 비즈니스

1판 1쇄 인쇄 2020년 10월 23일
1판 1쇄 발행 2020년 10월 30일

지은이 장준환

펴낸이 최준석
펴낸곳 한스컨텐츠
주소 경기도 고양시 일산동구 정발산로 24. 웨스턴돔 T1-510호
전화 031-927-9279 팩스 02-2179-8103
출판신고번호 제2019-000060호 신고일자 2019년 4월 15일

ISBN 979-11-966920-9-4 03320